Das Buch

Darf ich pikante Bettgeschichten im Freundeskreis weitererzählen? Oder dem Kollegen sagen, dass er schlimm nach Schweiß riecht? Darf ich mich im Fachgeschäft beraten lassen und trotzdem im Internet bestellen, weil es günstiger ist? Darf ich geschenkte Sachen weiterverschenken, wenn sie mir nicht gefallen? Der Alltag ist gespickt mit Situationen, die uns zwingen, Entscheidungen zu treffen, die wir nicht treffen wollen. Aber wie trifft man eine Entscheidung, wenn es kein »Richtig« und »Falsch« gibt? Und wie vertritt man diese dann?

In »Ja? Nein? ... Jein!« werden alltägliche Probleme anschaulich dargestellt und aus verschiedenen Perspektiven philosophisch beleuchtet. Natürlich ist auch die Philosophie kein Allheilmittel für die Probleme des Alltags. Aber ein Schuss Moralin kann bisweilen Wunder wirken, wenn es um gute Entscheidungen geht.

Das Autorenteam

besteht aus den Journalistinnen Andrea Mayer und Nora Hespers sowie dem Philosophen Matthias Burchardt. Der Zufall hat die drei zusammengeführt. Was aber allen gemein ist: eine unverblümte Art, die Dinge beim Namen zu nennen: ehrlich, charmant und entlarvend zugleich, mit einem bestechenden Blick für das alltäglich Absurde.

Während Matthias Burchardt als Doktor der Philosophie an der Universität zu Köln lehrt, schlagen sich Andrea Mayer und Nora Hespers als freie Journalistinnen durch. Die eine bekennende Buddhistin, die andere bekennender Fußballfan. In dem Spannungsfeld dieser drei so verschiedenen Charaktere ist ein ebenso unterhaltsames wie lehrreiches Werk entstanden, das die Philosophie dahin zurückholen will, wo sie herkommt: in den ganz normalen, alltäglichen Wahnsinn.

Matthias Burchardt | Nora Hespers | Andrea Mayer

Ja?

Nein? ...

Jein!

Kompass für den alltäglichen Gewissenskonflikt

Mit
Illustrationen
von
Andreas
Ganther

Kiepenheuer & Witsch

Verlag Kiepenheuer & Witsch, FSC® N001512

1. Auflage 2011

Umschlaggestaltung: Barbara Thoben, Köln
Umschlagmotiv: © Foodlovers – www.fotolia.com
Illustrationen im Buch: © Andreas Ganther
Für die aus der Sendung »Jein« übernommenen Buchinhalte:
© 1LIVE/WDR, Köln 2011, Agentur: WDR mediagroup
licensing GmbH
Gesetzt aus der Dante
Satz: Buch-Werkstatt GmbH, Bad Aibling
Druck und Bindearbeiten: CPI – Clausen & Bosse, Leck
ISBN 978-3-462-04361-7

Inhalt

Freie Wildbahn

Happy Family

Bürokr@m

Total sozial

Vorwort

JEIN ist der Name der äußerst erfolgreichen philosophischen Radiokolumne des WDR-Senders 1LIVE. Zusammen mit dem Philosophen Matthias Burchardt spüren die Autoren der Serie den kleinen, aber gemeinen Fragen nach, zu denen es tausend Meinungen, aber nie die eine richtige Antwort gibt.

Schon mal über die beste Freundin gelästert? Oder unangenehm aufgefallen, weil Sie dem üppigen Dekolleté der Kollegin zu viel Aufmerksamkeit geschenkt haben? Hinterlistig und hartnäckig, so könnte man ihn beschreiben, meist begleitet von roten Ohren, einem unguten Gefühl in der Magengegend und der geduckten Haltung von jemandem, der etwas ausgefressen hat – die Rede ist vom gemeinen Gewissensbiss. Nur selten kündigt er sein Kommen an. Meist erinnert uns dieses kleine Mistvieh erst im Nachhinein daran, dass unser Verhalten nicht ganz korrekt war. Wir beginnen zu grübeln, und plötzlich sind wir uns gar nicht mehr so sicher, ob wir in einer verzwickten Situation richtig entschieden haben. Und dann sitzen wir hilflos in der Falle, während der moralische Zeigefinger munter an unser Gewissen klopft.

Die Autorinnen Andrea Mayer und Nora Hespers haben diesem allgegenwärtigen Übel des Alltags nachgespürt. Die Protagonisten ihrer kleinen Geschichten sind Meister des moralischen Fettnapfs. Immer wieder schlingern sie in Situationen, die sie mit ihrem guten oder schlechten Gewissen konfrontieren. Wo das Herz »Ja!« schreit und der Verstand »Nein!« – oder umgekehrt –, fallen vernünftige Entscheidungen schwer. Wenn dann auch noch der Freundeskreis* geteilter Meinung ist, ist die Verwirrung komplett.

---

*	Die in diesem Buch behandelten Fragen stammen aus der 1LIVE-Radioserie »Jein«. In den Antworten des Freundeskreises spiegelt sich – selbstverständlich anonymisiert – die Meinung der Hörer zum jeweiligen Thema wider.

Aber keine Sorge, Hilfe naht. Der Philosoph Matthias Burchardt bringt Ordnung in das Chaos aus für und wider. Denn oft sind die kleinen Verfehlungen des Alltags nur allzu menschlich. Eben diesen menschlichen Regungen geht Matthias Burchardt auf den Grund. Bewaffnet mit einer gehörigen Portion Humor deckt er die Abgründe menschlichen Handelns auf. Seine Perspektiven sind angenehm erleichternd, bisweilen überraschend und manchmal auch unbequem konsequent, aber immer fest verwurzelt im Leben.

Aber wir sind doch

Freunde

Darf ich auch mal über einen sehr guten Freund lästern, um Druck abzulassen?

Wenn Mona jemand direkt fragen würde: Hast du schon mal über deine beste Freundin Iris gelästert? – dann würde sie vermutlich entrüstet gucken und laut Nein sagen. Schließlich sind Mona und Iris schon seit Schulzeiten befreundet. Und es ist ja wohl Ehrensache, dass beste Freundinnen nicht übereinander lästern.

Aber insgeheim weiß Mona schon, dass es da Sachen bei Iris gibt, die sie zur Weißglut treiben. Und wenn sie ganz ehrlich zu sich ist, dann dürfte ihr auch wieder einfallen, dass sie schon mal abfällig über ihre beste Freundin Iris geredet hat. Bei anderen Freunden. Worüber sie sich im Nachhinein sicher ein bisschen geschämt hat. Aber im Augenblick der Lästerei hat es einfach so verdammt gutgetan.

Schließlich nervt es auch, dass Iris sich bei Partys immer in den Mittelpunkt drängelt. In der Regel treffen sich Mona und Iris zu zweit. Deswegen vergisst sie das auch immer wieder. Aber wenn dann mal eine Party ansteht, kann Mona sicher sein: Die beiden betreten den Raum und Iris ist die Rampensau. Daneben wirkt Mona wie das spießig-verschüchterte Anhängsel. Iris kann ja nix dafür, dass sie so hübsch und witzig und charismatisch und aufgeschlossen und schlagfertig ist. Und Mona – na ja. Und wenn Monas Ego dann auf die Größe einer Erbse zusammengeschrumpelt ist, möchte sie nur noch schreien. Auch wenn sie weiß, dass sich das alles in ihrem Kopf abspielt. Und kein anderer so ein Urteil fällen würde.

Sei's drum – nach einem solchen Abend braucht Mona dann doch gelegentlich ein Ventil, um wieder auf Kurs zu kommen. Und das sieht dann so aus: Mona ruft eine Freundin an. Eine Freundin, die Iris kennt, aber nicht eng mit ihr befreundet ist. Heute ist das Leonie …

Mona: Hallo Leonie. Wie geht's? Was hast du gestern Abend so getrieben?

Leonie: Nur Fernsehen geglotzt. Bin ein bisschen erkältet. Wie war es bei dir?

Mona: Ich war mit meiner Freundin Iris tanzen. War ganz nett. Gute Musik.

Leonie: Hast Du jemanden kennengelernt?

Mona: Ne. Wie denn? Die hatten alle nur Augen für Iris. Die ist auf die Tanzfläche gestürmt und hat mal wieder ihre übliche Show abgezogen. Da hätte ich schon die Hüllen fallen lassen müssen, damit noch einer in meine Richtung blinzelt.

Leonie: Dass du das nicht anstrengend findest! Hast mir ja schon öfters erzählt, wie sie sich dann immer in Szene setzt. Das würde mich total nerven.

Mona: Nervt mich ja auch. Und da war wirklich so ein ganz süßer Typ. Den hätte ich so gerne näher kennengelernt. Wir haben anfangs ein bisschen geflirtet. Aber Iris hat irgendwann ihren berühmten Charme spielen lassen. Und dann war er ganz Feuer und Flamme für sie. Und dabei hat sie doch Tom. Ich versteh echt nicht, dass die dann immer noch Bestätigung von anderen Typen braucht. Ist ja schon ein bisschen traurig für die Beziehung. Das meine ich jetzt echt nicht böse. Aber wenn ich einen Freund hätte, würde ich nicht ständig andere Jungs angraben. Iris ist ja ne echt gute Freundin – aber diese Bestätigungssucht nervt total …

Monas Lästerattacke geht noch ein paar Minuten so weiter. Leonie schenkt ihr Verständnis und Zustimmung, bis Mona sich wieder beruhigt hat und sie zu anderen Themen übergehen können. Der Zorn auf ihre Freundin Iris ist weitestgehend verflogen.

Mittlerweile überlegt Mona schon, ob sie etwas zu empfindlich war. Schließlich wusste Iris nicht, dass Mona auf den Typen steht. Und prinzipiell ist Iris immer so bezaubernd zu ihr. Wenn sich Mona scheiße fühlt, ruft sie Iris an. Wenn Mona etwas Aufregendes erlebt hat, ist Iris die Erste, der sie davon erzählen möchte. Und wenn Mona ein Problem hat, ist Iris die beste Ratgeberin. Es sei denn, das Problem ist Iris selbst. Verdammt – Mona hätte doch nicht bei Leonie rumlästern sollen. Oder gehört das einfach gelegentlich dazu?

So entscheidet der Freundeskreis

NEIN-Sager

Thomas (26): Lästern geht gar nicht. Ich finde, Freunde sollten ehrlich sein können. Und dann ist es auch nicht nötig, dass ich über meinen Freund oder eine Freundin herziehe.

Michael (27): Da gibt es eigentlich gar nix, was mich so gravierend an meinen Kumpels stört. Und wenn, sag ich es direkt. Ich glaube, dieses Lästern ist mehr so ein Mädels-Ding.

Anna (19): In der Schule war das normal, dass jeder mal über den anderen gelästert hat. Bis es irgendwann rausgekommen ist. War ganz schön doof, als meine Freundin auf mich zukam und mich zur Rede gestellt hat. Seitdem finde ich Lästern ein absolutes No go.

Christian (23): Ich glaube, das ist einfach menschlich. Jeder kotzt dich doch mal gewaltig an: deine Eltern, die Freundin – warum also nicht auch der beste Freund? Dann mach ich mir Luft, und gut ist. Finde ich nicht schlimm, wenn man gelegentlich mal lästert. Sollte halt nicht Gewohnheit werden.

Marion (28): Ich sehe das nicht so eng. Logisch rege ich mich mal bei jemandem anders über meine Freundinnen auf. Das machen die ja ganz genau so. Aber wir wissen alle, wie es gemeint ist. Deswegen zerbricht doch keine Freundschaft.

Irmi (30): Lästern ist halt auch eine Möglichkeit, nicht jedes Mal mit der Freundin Streit anzufangen. Klar ist das nicht richtig chic, da vom Leder zu ziehen. Aber da geht es ja auch in der Regel um Kleinigkeiten. Und wenn es ein richtig großes Problem gibt, dann würde ich meine Freundin auch drauf ansprechen.

Das sagt der Philosoph

Lästern ist ein spannendes Sozialphänomen: So reizvoll es ist, über andere herzuziehen, so unangenehm ist die Vorstellung, selbst zum Objekt des Gelästers zu werden. Im Grunde bilden wir uns alle ein, dass wir die große Ausnahme sind: Menschen, an denen man beim besten Willen nichts zum Lästern finden kann. Was natürlich komplett falsch ist. Auch wir haben kleine Marotten, offenkundige Schwächen und sicher auch Makel in unserer äußeren Erscheinung. Und selbst wenn alles an uns perfekt sein sollte, wird eben darüber gelästert, wie langweilig perfekt wir sind. Denn das Lästern entzündet sich zwar an Sachthemen, über die man auch inhaltlich diskutieren könnte, aber es hat nicht den Zweck, zu einer gerechten Analyse vorzudringen. Nein, man genießt es gerade, sich unwidersprochen ungerecht über jemanden äußern zu dürfen. Bemerkungen wie »Das meine ich jetzt gar nicht böse« klingen dann wie rhetorische Feigenblätter, hinter denen sich unsere ungehemmte Lästerlust zu verstecken versucht.

Darf ich über Freunde herziehen? Lästern ist generell eine heikle Angelegenheit (vgl. »Darf ich per Mail oder im Büronetzwerk über meine Kollegen lästern?«, S. 197 ff.). Wie viel Lästern verträgt eine Freundschaft? Zunächst einmal sollte auf die Unterscheidung Wert gelegt werden, dass eine nachdenklich kritische Äußerung über den Freund nicht gleichbedeutend mit Lästern ist. Gerade in der oben dargestellten Situation ist gut nachzuvollziehen, dass Mona sich zurückgesetzt fühlt und über ein Problem mit Iris reden möchte. Auch wenn sie das in erregter Form tut und vielleicht Dinge sagt, die sie unter normalen Umständen nicht so gesagt hätte, ist ihr nichts vorzuwerfen. Vielleicht gelingt es ihr ja, nachdem sie sich abgeregt hat, sogar besser mit ihrer Freundin Iris über die Sache zu sprechen.

Wirkliches Lästern bedeutet, jemanden verbal »zum Abschuss freizugeben«, sich auf seine Kosten in Gehässigkeiten zu ergehen, im klaren Wissen, dass die genüsslich-bösen Äußerungen in der Lästerclique verbleiben. Wer dies mit einem Freund tut, überschreitet eine Grenze ohne Rückweg. Wie soll man jemandem noch vertrauensvoll und offen gegenübertreten, nachdem man jegliche Loyalität gegenüber seiner Person fahren gelassen hat? In dieser Preisgabe besteht nämlich der unheilbare Bruch und nicht in der sachlichen oder auch unsachlichen Kritik gegenüber Dritten.

Zusammengefasst: Kritische Äußerungen, kleine Spitzen, Spott oder Ironie sind völlig akzeptabel, wenn der Respekt vor der Person des Freundes gewahrt bleibt. Wer hier über's Ziel hinausschießt, begeht unwiederbringlich Verrat an der Freundschaft. Dann spielt es im Grunde auch keine Rolle mehr, ob der Geschädigte davon erfährt oder nicht. Die menschlichen Beziehungen sind ein kostbares und zerbrechliches Gut.

Darf ich meiner Freundin sagen, dass sie in dem Kleid dick aussieht?

Das ist er: Annas großer Tag. Ein halbes Jahr lang hat sie gegen die lästigen Pfunde angekämpft und endlich ihr persönliches Wohlfühlgewicht erreicht. Fünf Kilo hat sie geopfert für ihren großen Traum: ein schickes Designerkleid in Größe 38. Heute soll der teure Fummel endlich in ihren Besitz gelangen. Und wer ist eine würdigere Begleitung als die beste Freundin? Eben. »Gleich gehörst du mir«, grinst Anna ihr erschlanktes Spiegelbild an und dreht sich noch einmal. Da klingelt es auch schon an der Tür. Noch bevor Ella etwas sagen kann, drückt ihr Anna den Prosecco in die Hand. »Auf mein neues Ich!«, verkündet Anna feierlich und leert ihr Glas in einem Zug. Mit einem bestimmten »Komm« nimmt sie Ella das Glas aus der Hand, stellt es in den Flur, zerrt den Mantel von der Garderobe und ihre Freundin Richtung Tür.

Draußen angekommen wird Anna jäh gestoppt: »Hallo Süße!« Ella kann sich das Lachen kaum verkneifen. »Immer mit der Ruhe, das gute Teil läuft uns schon nicht weg.«

Jetzt muss auch Anna lachen und holt die längst fällige Begrüßung nach: »Ach, Liebes, sorry, ich bin nur so aufgeregt.« Ella lacht immer noch, schüttelt unmerklich den Kopf und frotzelt ein »Verrücktes Huhn, du« in Annas Richtung.

Die kleine Boutique liegt nur drei Straßen weiter. Ella knallt fast vor die Tür, weil Anna es nicht schafft, beim Betreten des Ladens rechtzeitig ihren Arm loszulassen. »Da ist es ist! Mein Kleid! Und Größe 38 ist auch noch da!« Was für ein Glückstag, denkt Anna, schnappt sich den teuren Fummel und verschwindet in der Umkleidekabine. Ella, die das begehrte Stück bereits in diversen Katalogen und Zeitschriften begutachten musste, wartet geduldig vor dem Vorhang: »Immer mit der Ruhe, jetzt mach's bloß nicht beim Anziehen schon kaputt. Du bist ja ganz tattrig!« Die Bewegungen des Vorhangs künden von Annas hektischen Umziehversuchen, und vor Ellas Augen zie-

hen comicartige Szenen vorbei. Es ist doch immer wieder amüsant, mit Anna auf Entdeckungsreise zu gehen.

»Tatataaaa!« Mit einem Ruck reißt Anna den Vorhang zur Seite. Mit etwas wirrem Blick, leicht zersausten Haaren, aber triumphalem Lächeln betrachtet sich das »neue Ich« ausgiebig im Spiegel.

»Ach du liebes bisschen!«, schießt es Ella durch den Kopf, die gleich einen Schritt zur Seite tritt, damit Anna ihren Blick nicht im Spiegel erwischt. »Das geht ja gar nicht!« Ellas Herz klopft bis zum Hals. Gleich wird sich Anna zu ihr umdrehen und eine Lobeshymne erwarten. Aber das Kleid ist einfach nur scheußlich und schrecklich unvorteilhaft für Annas Figur – selbst mit fünf Kilo weniger. Die Wahrheit wäre allerdings ein Schlag ins Gesicht und wahrscheinlich ein Fall für Dr. Tempo. Und jetzt? Soll sie Anna wirklich sagen, dass sie in dem Kleid schlicht aussieht wie eine Presswurst?

So entscheidet der Freundeskreis

→ **JA-Sager**
Silvie (23): Klar muss ich es ihr sagen. Ich will ja nicht schuld sein, wenn sie sich in der Öffentlichkeit blamiert.
Tobias (25): Gerade von einem Freund erwarte ich eine ehrliche Meinung, also ganz klar: ja!
Wanda (19): Man muss ja nicht gleich mit der Tür ins Haus fallen, aber wenn's doof aussieht, muss man das sagen.

← **NEIN-Sager**
Birte (22): Nur weil es mir nicht gefällt, heißt das ja nicht, dass es nicht doch vielleicht okay ist. Geschmäcker sind ja unterschiedlich.
Ergün (27): Nur weil's ein bisschen eng ist, muss man da kein Drama draus machen, dann passt's halt später.

↔ **JEIN-Sager**
Ayla (21): Also wenn's unbedingt der Fummel sein soll, dann würd ich einfach sagen: Okay, passt so noch nicht ganz, aber wenn wir das hier und da noch ändern lassen, dann siehts gut aus. Also lieber nach ner anderen Lösung suchen.

Das sagt der Philosoph

Kleidung ist immer mehr als ein Verpackungsmaterial für Menschenkörper. Wenn es bloß darum ginge, Sichtschutz, Temperatur und Feuchtigkeit mit den Mitteln des Textils zu regulieren, blieben uns einige Sorgen erspart, aber auch viele Freuden vorenthalten. Wie eine zweite Haut tragen wir unsere Gewänder, sie sind die Kostüme im gesellschaftlichen Rollenspiel, durch die wir einerseits Aussagen zu unserer Person tätigen und uns andererseits in Hinblick auf Gruppenzugehörigkeit abheben können oder einreihen müssen. Was immer ich anziehe, zeichnet ein Bild von mir in den Augen der anderen und gibt insofern ein Statement ab, über die Weise, wie ich anerkannt werden möchte. Das Schöne an dieser zweiten Haut ist, dass wir sie nach eigener Wahl bestimmen, an- und wieder ablegen können: morgens im Kostüm ins Büro, abends in Jeans zur Freundin oder in der Jogginghose auf's Sofa.

Doch so sehr wir Kontrolle über unsere Garderobe haben, so wenig können wir unserer eigenen ersten Haut entschlüpfen: Wir sind von Natur aus mit einer bestimmten Statur, Größe und Körperform ausgestattet und bringen diesen Körper mit, wenn wir eine Umkleidekabine betreten. Nur am Rande ist hier zur vermerken, dass natürlich auch die ›erste Haut‹ durch Medikamente, Hungertechniken, plastische Chirurgie oder Schinderei in Fitnesscentern selbst wie ein Kostüm manipuliert wird. Diese Maßnahmen sind aber, wenn überhaupt, nur im Rahmen der natürlichen Vorgaben erfolgreich, sodass gleichermaßen gilt, dass die Wahl eines Kleidungsstückes immer in Rücksicht auf die eigenen körperlichen Gegebenheiten zu treffen ist. Dies ist aber ein Problem für Menschen mit Körperrundungen. Sie sind oft demütigenden Blicken ausgesetzt, weil sie dem gegenwärtigen Schönheitsideal nicht entsprechen, während viele dünne Menschen mit pathologischen Essstörungen in ihrer Erkrankung durch gesellschaftliche Anerkennung noch bestärkt werden.

Diese Diskriminierung schlägt sich auch in den modischen Schnitten nieder, die nur bestimmte, schlanke Körperformen zum Strahlen bringen, während für viele andere Menschen die Anprobe bald zur Mutprobe wird. Denn auch wenn es am Anfang noch so aussieht, als würde ich prüfen, welche Kleider zu mir passen, fühlt es sich am Ende so an, als würden die Kleider meinen Körper prüfen, um zu ermitteln, ob ich berechtigt bin, am Spiel der schönen und erfolgreichen Menschen teilzunehmen. Gleichwohl ist es möglich, mit etwas Geschmack und Geschick jeden Menschen jenseits des Modediktates schön und attraktiv erscheinen zu lassen, gerade indem man seine Besonderheiten nicht unterdrückt, sondern akzentuiert.

Gute Freundinnen können sehr hilfreich sein, wenn es darum geht, jemanden von Selbsttäuschungen zu befreien, ohne die betreffende Person zu verletzen. Für Anna aus der Geschichte ist das Designerkleid aufgeladen mit Sehnsüchten und Wünschen – vielleicht sogar mit der Hoffnung, in ein neues Ich umzuziehen, das von Selbstzweifeln und körperlichen Mängeln frei ist. Doch die erste Haut rebelliert gegen die zweite, weil das Kleid weder im wörtlichen noch im übertragenen Sinne passt. Kann Ella da überhaupt etwas sagen, ohne Anna wehzutun? Gerade die Euphorie macht sie ausgesprochen verwundbar. Andererseits: Muss man seine Freundin nicht vor einem Fehlkauf und peinlichen Situationen schützen? Schließlich kann man sich schon vorstellen, wie die anderen über Anna ablästern werden.

Vermutlich kann ich gute Freunde gerade daran erkennen, dass sie es wagen, mir zu meinem eigenen Wohl auch unangenehme Dinge zu sagen. Schön wäre, wenn es Ella gelänge, deutlich zu machen, dass nicht Annas Körper hässlich ist, sondern dessen Schönheit durch das Kleid entstellt wird. Der traurige Abschied von unerfüllbaren Selbstinszenierungen kann so zu einem Aufbruch zu einem ehrlichen und starken Selbstzutrauen werden. Nicht zuletzt ist schön, wer sich wohl in seiner Haut fühlt!

Darf ich mir von einem Freund Geld leihen?

Mit klammen Fingern tippt Sven seinen PIN-Code in die Tastatur. Er wählt »Auszahlung« und dann einen Betrag von 100 Euro. »Dieser Betrag ist nicht verfügbar. Anderen Betrag auswählen?« Sehr witzig. Kleineren Betrag wohl eher. Dann halt nur 50 Euro. Auch hier streikt der Automat. Am Ende muss sich Sven mit zehn Euro begnügen. Das ist alles, was er – Dispo inklusive – noch aus dem blöden Geldautomaten quetschen kann. Zehn Euro. Das sind nicht mal zwei mittlere Fast-Food-Menüs. Schön doof, dass der Monat noch zehn Tage hat. Dann werden seine Eltern zumindest die Miete für die Wohnung überweisen. Dach überm Kopf ist also gesichert. Dafür lacht ihm aus dem Kühlschrank ein höhnisches gelbes Licht entgegen. Das ist nicht gut, denkt Sven, gar nicht gut. Wobei, Geld fürs Essen könnte er sich zur Not auch noch bei seinem Mitbewohner leihen. Das ist ja kein Ding. Dann kocht er eben öfter oder spült oder macht sich sonst irgendwie nützlich. Außerdem kriegt der Mitbewohner die Kohle ja wieder – später.

Aber ohne Rechner keine Diplomarbeit. Sven hat seinen nämlich bei der letzten Party geschrottet. Schön peinlich. Wie soll er seinen Eltern erklären, dass er einen neuen Rechner braucht, weil er seinen im Suff vollgekotzt hat? Gut, es gäbe einen Haufen findiger Ausreden. Aber die zahlen ja nun auch so schon genug. Nein, das geht nicht. Auf gar keinen Fall. Sven starrt auf den roten Zehn-Euro-Schein in seiner

Hand. Immerhin hat Tom ihm angeboten, im Notfall auszuhelfen. Tom verdient ganz gut mit seinem Nebenjob, das Studium wird von den Eltern finanziert, Auto und Urlaube auch. Ihm würde das nicht wehtun. Und die Gelegenheit ist günstig. Da läuft nämlich gerade so eine Auktion im Internet. Top Rechner für einen echt günstigen Preis, richtiges Schnäppchen. Allerdings muss sich Tom bald entscheiden, denn die Auktion geht nur noch zwei Tage. Und ob er den Rechner dann wirklich ergattert, bleibt bis zum Ende fraglich. Aber die Knete müsste er sich schon vorher sichern. Ersteigern und nicht zahlen können ist schließlich auch massiv peinlich.

Wenn es nur nicht so viele Horrorgeschichten gäbe, was Geld und Freundschaft angeht. Es ist ja auch nicht die Frage, ob Sven das Geld zurückzahlt, sondern wie schnell er das auf die Reihe kriegt. Ein paar Monate würde das schon dauern, bis er fünf- bis sechshundert Mäuse zusammenhat. Hält eine Freundschaft das aus? Muss sie das nicht vielleicht sogar aushalten? Immerhin hat Tom es zumindest von sich aus angeboten. Der hat ja auch ordentlich mitgesoffen an dem Abend – da könnte man ihm ja zur Beruhigung des eigenen Gewissens wenigstens eine kleine Teilschuld unterstellen. Sven muss grinsen. Die Erklärung würde Tom definitiv gefallen. Zusammen durch dick und dünn – so war es eigentlich schon immer. Bisher musste der eine dem anderen nur noch nie mit Kohle aus der Patsche helfen. Mit Ausreden und Alibis dafür umso häufiger. Trotzdem bleibt Sven unsicher. Soll er es wirklich riskieren und sich Geld von einem Freund leihen?

So entscheidet der Freundeskreis

JA-Sager →
Ivo (27): Wenn das ein wirklich guter Freund ist, dann ist das selbstverständlich. Aber dann geh ich auch davon aus, dass ich das wiederkriege.
Christine (22): Also wenn eine Freundin von mir in Not wär und ich könnte mir das leisten, dann würde ich keine Sekunde zögern. Ist doch klar, dass man sich hilft.

NEIN-Sager ←
Helen (25): Geld und Freundschaft sollte man trennen. Das geht nicht gut.
Bea (27): Ich würde mir nie Geld von Freunden leihen. Und auch selbst keins verleihen. Da müssen sich andere Lösungen finden lassen.
Nico (30): Damit hab ich schon ganz schlechte Erfahrungen gemacht. Geld und Freundschaft, das passt nicht zusammen.

JEIN-Sager ↔
Hella (20): So zehn oder zwanzig Euro leiht man sich schon gegenseitig, aber mehr würde ich nur annehmen, wenn man es mir auch anbietet. Und auch nur als allerletzte Notlösung.
Dejan (23): Also ich würd nie nach fragen, aber wenn man es mir anbietet und ich weiß, der andere muss auf nichts verzichten, wär das okay.

Das sagt der Philosoph

Auf den ersten Blick ist diese Frage einer Jein-Erörterung gar nicht würdig. Freundschaft bedeutet doch, dass man sich in Notlagen hilft. Geldmangel ist eine Not, also ist es ein Gebot der Freundschaft, dem Bedürftigen mit geliehenem Geld aus der Klemme zu helfen. Was nach den Regeln der Logik in eine saubere Schlussfolgerung zu bringen ist, gerät nach den heimlichen oder unheimlichen Regeln der Lebenserfahrung bisweilen zur Katastrophe. Der Volksmund konstatiert, dass beim Geld die Freundschaft aufhört, und der berühmte Adolph Freiherr von Knigge (1752–1796) riet schon im 18. Jahrhundert: »Man sei äußerst heikel in der Annahme von Freundschaftsdiensten. Man suche lieber Hilfe bei Fremden, besonders in Geldsachen.« Wie ist zu verstehen, dass Geldangelegenheiten selbst eine gute Freundschaft vergiften können?

Die Antwort ist in den grundlegend verschiedenen Beziehungsformen zu suchen, die dabei miteinander vermischt werden: Eine Freundschaft ist etwas gänzlich anderes als eine Geschäftsbeziehung. In einer geschäftlichen Beziehung treten Menschen in Verbindung, weil jeder seinen eigenen Nutzen aus dem Geschäft ziehen will. Die Bank verleiht Geld und profitiert von den Zinsen, und der Kreditnehmer verschafft sich dadurch finanzielle Spielräume. So entsteht eine wechselseitige Abhängigkeit, die durch einen Vertrag im Rahmen bestehender Gesetze geregelt ist. Aspekte wie Großzügigkeit oder Dankbarkeit spielen keine Rolle, da zwischen den Vertragspartnern über das Geschäft hinaus keine persönliche Verbindung oder moralische Verpflichtung besteht.

Die Beziehungslogik der Freundschaft unterscheidet sich radikal von der Logik einer Geschäftsbeziehung. Während die Geschäftskontakte ein reines Mittel zum Zweck sind, pflegt man Freundschaften um der Freundschaft willen. Das bedeutet, dass wirkliche Freunde nicht berechnend miteinander umgehen, keinen Nutzen am anderen suchen oder die wechselseitigen Wohltaten gegeneinander aufwiegen. Der Philosoph Seneca (1–65 n. Chr.) unterstrich, wie wenig Nutzen und Freundschaft zusammenpassen: »Wer des Nutzen wegen zum Freunde angenommen worden ist, wird so lange gefallen, als er sich nützlich machen wird.«

Wir kennen die Enttäuschung, die uns einholt, wenn wir begreifen, dass jemand unsere Freundschaft ausgenutzt hat. Wir fühlen uns missbraucht für die eigentlichen Ziele des anderen, der uns seine Freundschaft nur vorgespielt hat, solange es für ihn von Vorteil war. Die Anfälligkeit der Freundschaft für diesen Missbrauch liegt an der Großzügigkeit, die ihr innewohnt. Dem Freund schenke ich Zeit und Aufmerksamkeit, teile meine Geheimnisse mit ihm und biete ihm aus freien Stücken Hilfe an, ohne dafür eine Gegenleistung zu erwarten. All dies tue ich aus Zuneigung mit einem großen Gefühl der Freiheit, da weder ein geschäftlicher Vertrag noch der Druck von Schuldgefühlen mich dazu nötigen. Alles, was ich aus dieser Haltung heraus dem Freund Gutes tue, bedeutet auch für mich selbst eine Erfüllung, die aus der Reinheit einer glücklichen Freundschaft herrührt.

Diese Reinheit kann aber durch Geldgeschäfte beschmutzt werden. Die Logik des Geldes besteht gerade im Verrechnen und Berechnen: Wir erhalten es im Tausch gegen unsere Arbeit und kaufen dafür Produkte oder Dienstleistungen. Wir trachten danach, den Aufwand beim Gelderwerb zu minimieren und beim Geldausgeben den Gegenwert zu maximieren. Entscheidungen treffen wir in einer Abwägung von Kosten und Nutzen. Es ist offensichtlich, dass diese Denkweise keinen Platz in der Freundschaft hat.

Nun wird deutlich, warum das Geldverleihen eine Freundschaft beschädigen kann: Das für die Freundschaft so bedeutsame Element der Ungezwungenheit bzw. Freiheit gerät unter den Druck der Tauschlogik. Es entstehen Verpflichtungsgefühle, Neid oder Scham aufgrund von Abhängigkeit und nicht zuletzt auch Zweifel, ob man doch nicht ausgenutzt wird. Hinzu kommt, dass oft keine ausdrücklichen vertraglichen Regelungen getroffen werden, sodass etwas, was als Vertrauen begonnen hat, als Verunsicherung enden kann.

Zugespitzt auf die Kernfrage »Darf ich mir von einem Freund Geld leihen?« wäre also zu antworten: Ja, ich darf, denn das Geldverleihen unter Freunden an sich ist moralisch nicht verwerflich. Aber vielleicht ist es unklug, es zu tun, weil die Freundschaft möglicherweise Schaden nehmen kann.

Darf ich meinem Partner Vertrauliches von Freunden erzählen?

Samstagabend. Hilke hat sich mit ein paar Freunden in ihrer Stammkneipe getroffen. Gerade erzählt Sabine ihr, wie ätzend die letzte Woche war. Doofer Chef, doofe Kollegen, doofe Arbeit. Hilke versucht Sabine aufzuheitern, als sie plötzlich bemerkt, dass sie beobachtet wird. »Was grinst der mich denn so blöde an?«, denkt sich Hilke und verpeilt völlig, was sie gerade noch sagen wollte.

»Was ist denn los?«, fragt Sabine sie.

»Sorry«, antwortet Hilke, »ich habe komplett den Faden verloren. Aber Dennis schaut die ganze Zeit zu mir rüber und grinst so dämlich. Habe ich irgendwas im Gesicht kleben? Jetzt schaut der schon wieder her. Entschuldige mal kurz, aber ich will wissen, was der hat.«

Hilke: »Sag mal: Ist was?«
Dennis: »Was soll denn sein?«
Hilke: »Du guckst die ganze Zeit so süffisant. Hab ich irgendwas gemacht, was dich so köstlich amüsiert?«
Dennis: »Wie kommst du denn da drauf? Ich guck halt. Hast wohl was zu verbergen?«
Hilke: »Nicht, dass ich wüsste. Also tu mir den Gefallen und hör auf, mich die ganze Zeit zu beobachten. Das macht mich noch kirre. Wo ist eigentlich Kerstin?«
Dennis: »Die steht da drüben an der Bar.«

Hilke fragt Kerstin: »Was ist denn mit deinem Freund los? Der scheint sich ja köstlich zu amüsieren – du hast ihm doch nichts erzählt?«

Kerstin: »Wie jetzt?«

Hilke: »Na, du hast ihm doch bitte nicht erzählt, dass ich scharf auf seinen Kollegen bin ...«

Kerstin: »Ups. Kann schon sein, dass mir da was rausgerutscht ist.«

Hilke: »Ach Mann, Kerstin!!! Ich habe dich doch extra gebeten, dass du die Klappe hältst.«

Kerstin: »Dennis hat mir geschworen, es keinem weiterzuerzählen. Ich fand es halt so aufregend. Und er hat mich die ganze Zeit gelöchert. Und ich wollte echt nix sagen. Aber dann habe ich mich irgendwie verplappert.«

Hilke: »Dann hoffen wir mal, dass sich Dennis nicht bei seinem Kollegen verplappert. Scheiße finde ich es trotzdem. Weißt du, wenn ich sage, es ist geheim, dann will ich auch nicht, dass du es Dennis gegenüber ausplauderst. Ich muss jetzt erst mal raus eine rauchen. Und sag deinem Freund, er soll sich das doofe Grinsen aus dem Gesicht wischen.«

Hilke rauscht angefressen ab. Ist doch wahr! Was denken sich diese Pärchen eigentlich immer? Ist ja nicht das erste Mal, dass Kerstin Dennis irgendwelche Sachen erzählt, die nicht für seine Ohren bestimmt sind. Ist der Partner jetzt so eine Art Pfarrer im Beichtstuhl, dem man alles anvertrauen kann, was alleine nicht zu verarbeiten ist? Das ist doch total ätzend. Und ist es echt noch nötig, dass sie jedes Mal dazusagt, dass etwas streng geheim ist? Das ist ja wie in der Schule: Als man sich noch Zettelchen unter der Bank zugeschoben hat, auf denen »top secret« stand. Dann erzählt sie Kerstin in Zukunft eben nichts mehr!

So entscheidet der Freundeskreis

JA-Sager →

Gernot (33): Klar darf ich das. Mit meiner Partnerin teile ich doch alles.

Julia (34): Ich erzähle eigentlich alles meinem Freund. Wir haben da keine Geheimnisse. Und bei ihm weiß ich auch, dass er es für sich behält.

Lena (28): Der Punkt ist doch der: Jeder macht das. Selbst die, die sagen, es ist falsch. Ich kenne das von so vielen Freundinnen, dass sie alles brühwarm ihrem Freund weitererzählen. Macht mir aber nichts aus. Ich bin ja auch nicht besser.

NEIN-Sager ←

Karin (24): Man muss nicht alles miteinander besprechen. Weil es halt Dinge gibt, die meinen Freund einfach nichts angehen. Weil sie nicht für ihn bestimmt sind.

Antonio (29): Das ist eine Sache zwischen mir und meinem Freund, und das geht meine Freundin wenig an.

JEIN-Sager ↔

Swenja (24): Kommt darauf an, wer das erzählt hat. Wenn es nicht so eine enge Freundin ist, erzähle ich es weiter.

Oskar (21): Je nachdem, was für ein Geheimnis das ist. Wenn er mir vorher sagt, dass ich das nicht weitererzählen soll, und er ist mein bester Freund, dann würde ich das auch nicht meiner Freundin sagen.

Das sagt der Philosoph

Ein gängiges Vorurteil besagt, dass die Menschen im Zeitalter von facebook, twitter usf. jegliches Schamgefühl verloren hätten und die Grenze von Privatheit und Öffentlichkeit nicht mehr deutlich genug gezogen würde. Richtig ist, dass im Internet und sozialen Netzwerken viele Dinge von uns öffentlich erscheinen, die die Elterngeneration dem Bereich des Privaten zugeordnet hätte. Dieses Phänomen lässt sich, bei allen Problemen, die daraus erwachsen (Personalchefs googeln meine Sauforgien), allerdings auch anders deuten: Vielleicht ist der Unterschied von Privatheit und Öffentlichkeit weiterhin von Bedeutung, wenn auch in Bezug auf andere Themen und Lebenslagen. Dafür spricht, dass es doch weitgehend Trivialitäten sind, die in den sozialen Netzwerken verstoffwechselt werden.

Die wirklich bedeutsamen Dinge spielen sich nach wie vor von Angesicht zu Angesicht ab. Wir wägen sorgfältig ab, wen wir ins Vertrauen ziehen, wenn es um unsere tiefsten Gefühle und Sorgen geht. Jemandem etwas anzuvertrauen, stiftet eine ›Komplizenschaft‹, denn wir geben nicht nur eine Information weiter, sondern bilden eine Geheimnisgemeinschaft. Es ist also immer ein Zeichen für eine besondere Beziehung und besondere Verbundenheit, wenn wir in intime Dinge eingeweiht werden, von deren Kenntnis die anderen Menschen ausgeschlossen sind. Es ist deshalb ein erhebendes oder eben auch erdrückendes Gefühl, wenn man als Geheimnisträger durch die Welt läuft und dann ahnungslosen Leuten begegnet, die von dem, was ich weiß, betroffen sind.

Wie groß aber ist meine Verpflichtung gegenüber einer Freundin? Ist es zwangsläufig ein Vertrauensbruch, wenn ich meinem Partner etwas von ihr erzähle? Viele erleben ihre Partnerschaft als die tiefste und intimste Vertrauensbeziehung, die Menschen miteinander eingehen können. Unausgesprochen verpflichten sich die Partner nicht nur, wahrhaftig zu sein, also auf Lügen zu verzichten, sondern auch rückhaltlos. Man empfindet es gewissermaßen als Verrat am Partner, ihn von der Geheimnisgemeinschaft auszuschließen. Muss dieser es nicht als Kränkung erleben, dass ich ihm Dinge vorenthalte, die ich mit der besten Freundin teile? Hier entsteht ein fruchtbarer Nährboden für Eifersucht und Misstrauen, sodass man sich vielleicht sogar wünscht, lieber gar nichts zu wissen und so den Konflikt zwischen Freundschaft und Partnerschaft vermeiden zu können.

Aus philosophischer Sicht lohnt es sich, auf die Verpflichtung zur Rückhaltlosigkeit zu schauen, wenn man zu einer befriedigenden Auflösung des Dilemmas kommen will. Der französische Philosoph Michel Foucault (1926–1984) hat die innere Selbstverpflichtung zur Offenbarung untersucht und ist zu überraschenden Einsichten gelangt. Die Forderung nach Rückhaltlosigkeit ist für ihn keine ethische Kategorie, sondern der Effekt von Machttechniken, durch die die Gesellschaft die Individuen unterwirft. Während bis in die heutige Zeit Gewaltherrscher durch Folter den Menschen ihre Geheimnisse abpressen oder das drohende Gottesgericht die Menschen in die Beichtstühle treibt, bedarf die Forderung der Rückhaltlosigkeit keiner äußeren Instanz, um den Menschen unter Offenbarungsdruck zu setzen. Es sind vielmehr subtile Psychotechniken, die einen ›Geständniszwang‹, wie Foucault es nennt, in uns gepflanzt haben, sodass wir keinen Folterknecht, Priester oder Psychologen mehr brauchen, um vor unserem Partner unaufgefordert eine Beichte abzulegen oder Gewissensbisse zu haben, wenn wir es nicht tun.

Ethisch und lebenspraktisch ist die Zurückhaltung nicht nur legitim, sondern auch gesund für eine Partnerschaft. Vertrauen bedeutet ja gerade, dass man zueinander steht, ohne jeden blinden Fleck rückhaltlos ausleuchten zu müssen. Insofern ist eine Konfliktfront befriedet: Ich bin nicht dazu verpflichtet, alle Geheimnisse, in die ich eingeweiht bin, meinem Partner zu erzählen. Doch die Jein-Frage dieses Kapitels ist damit noch nicht beantwortet: Darf ich denn dem Partner vertrauliche Dinge, die mir eine Freundin erzählt hat, weitersagen? Ist erst einmal der Geständniszwang entmachtet, fällt das moralische Urteil relativ leicht: nein! Wann immer mich eine Freundin ins Vertrauen zieht und mir ausdrücklich auferlegt, allen anderen Menschen gegenüber zu schweigen, gilt nicht einmal für den Partner eine Ausnahme.

Natürlich gibt es sprichwörtliche Charakterunterschiede zwischen den Menschen: Einige können schweigen wie ein Grab, andere tragen das Herz auf der Zunge. Temperamentvollen Menschen fällt es oft schwer, Dinge für sich zu behalten. Das Geheimnis brennt ihnen auf den Lippen, sodass es eine große Entlastung wäre, es zumindest dem Partner zu erzählen. Deshalb wäre es ratsam, in diesem Fall um eine Ausnahmeerlaubnis zu bitten oder die Einladung in die Geheimnisgemeinschaft auszuschlagen. Gute Freunde hätten für beides Verständnis.

Ist es okay, die Freundin für eine Party sitzen zu lassen?

– Aha, und dabei bist du eingeladen,
auf das beste aller Feste auf der Gästeliste eingetragen!
– Und wenn du nicht mitkommst, dann hast
du echt was verpasst. Und wen wundert's?
Es wird fast die Party des Jahrhunderts.
Mmh, Lust hätt ich ja eigentlich schon!
Oh – es klingelt just das Telefon.
– Und sie sacht, es wär schön,
wenn du bei mir bleibst heut Nacht,
ich dacht, das wär abgemacht?
(Ausschnitt Songtext »JEIN« von Fettes Brot)

»Ja, äh, nein, ich mein jein«, motzt David in der U-Bahn vor sich hin. »So weit war ich auch schon. Kann es nicht ein biss-chen konkreter sein? Ist doch scheiße!« Als er trotzig seine Kopfhörer abzieht, bemerkt er aus dem Augenwinkel, wie eine ältere Dame ihn anschaut. Tja, Omi, die Probleme hast du wahrscheinlich nicht, denkt er sich. Deine Partys finden eh auf der Couch mit der Glotze statt. Und einem flippigen Pfef-ferminztee als Absacker. Okay, das war fies. Aber David ist halt immer noch genervt, dass er gestern Abend nicht bei der Feier dabei sein konnte. Auf Facebook posten ständig seine Kumpels, wie cool es war.

Und was hat er gemacht? Mit Astrid gestritten, weil er bei ihr geblieben ist, obwohl er viel lieber mitgefeiert hätte. Aber

Astrid wollte ja unbedingt daheim bleiben. Und das UNBE-DINGT mit ihm.

Die wird es schön bereuen, dass sie ihn zum gemütlichen Heimabend gezwungen hat. Ha! In seinem Alter hat er echt Besseres zu tun, als gemeinsam zu kochen, eine Romantic Comedy zu sehen und dann am Ende nicht mal Sex zu haben. Gut, das mit dem Sex hätte vielleicht mehr Chancen gehabt, wenn er nicht ständig beim Film rumgemault hätte. Aber wer will schon Jennifer Aniston zwei Stunden dabei zuschauen, wie sie ihre langweilige Bratze in die Kamera hält. Da war sogar seine Hyperpotenz am Ende. Und das will was heißen.

Astrid war ganz schön sauer, als er heute früh abgedampft ist. Obwohl – eigentlich war sie eher enttäuscht. Wie sie ihn angesehen hat, als er seine Sachen zusammengerafft hat. Mit so glasigen Augen. Gesagt hat sie auch nichts mehr. Aber was hätte sie auch sagen sollen, nachdem er ihr so glorreich den Abend versaut hat. So ein Mist. Jetzt wabert das schlechte Gewissen nach oben. Das wollte er ja eigentlich auch nicht erreichen – also, Astrid traurig machen. Gestern Abend wollte er das schon. Da war er stinkig, konnte gar nicht gegen seine Laune ankämpfen. Aber wenn er jetzt so drüber nachdenkt …

Auf dem Heimweg begegnet er Tom. »Na, Alter, netten Abend gehabt?«

»Irgendwie nicht«, antwortet David.

»Wärst du mal besser mitgekommen. Bei uns war's hammer. Geile Stimmung, scharfe Mädels. Und die Musik war top.«

Was dann kommt, hört David nicht mehr. Er denkt an Astrid. Nie wieder wird er sie so scheiße behandeln. Nie wieder wird er sie so traurig machen. Nie wieder wird ihm eine Party wichtiger sein.

»David? Alles klar? Hörst du mir überhaupt zu?«

»Ja, ja. Bin noch nicht ganz auf der Höhe.«

»Also, was ist nun heute Abend? Mike feiert Geburtstag auf seiner Dachterrasse. Wird bestimmt super.«

»Vor habe ich nix. Und Lust hätte ich ja eigentlich schon«, antwortet David.

Da klingelt just das Telefon …

So entscheidet der Freundeskreis

JA-Sager →
Marie-Luise (22): Klar ist es doof abzusagen, wenn du schon mit deinem Freund oder der Freundin was ausgemacht hast. Aber sollte man nicht immer das tun, worauf man am meisten Bock hat? Ist doch auch blöd, wenn du sonst bei deinem Freund hockst und eigentlich viel lieber woanders wärst. Da hat er schließlich auch nichts davon.

Colin (24): Wenn ich feiern will, geh ich feiern. Dann kann die Freundin mitkommen oder nicht. Schließlich gibt es noch genug Abende, wo wir gemeinsam zu Hause bleiben können.

NEIN-Sager ←
Klaus (29): Vielleicht liegt es daran, dass ich schon genug in meinem Leben gefeiert habe. Aber wenn ich meiner Freundin sage, ich verbringe den Abend mit ihr, dann mach ich das auch. Und zwar gerne.

Chloe (26): Ich weiß, es gibt Leute, die ihren Partner für eine Feier sitzen lassen. Aber das finde ich echt krass. Mir ist doch mein Freund wichtiger als irgend so eine olle Feier.

Nicoletta (19): Ich bin so glücklich mit meinem Freund. Wir sind gerade mal vier Monate zusammen. So toll kann gar keine Party sein, dass ich lieber dort wäre als mit ihm allein zu Hause.

Das sagt der Philosoph

Entscheiden heißt: verzichten! Wer den Abend mit der Partnerin verbringt, kann nicht zur selben Zeit wilde Partys besuchen, das ist schon mit den Naturgesetzen unvereinbar, nach
denen ein und derselbe Körper zur selben Zeit immer nur an
einem Ort sein kann. Was physikalisch betrachtet ziemlich
eindeutig ist, wird philosophisch zum Problem, denn mit unserer Fantasie können wir uns ja vorstellen, wie es wäre, jetzt
an dem anderen Ort zu sein. Und so gerät die Wirklichkeit
oft in den Schatten der imaginierten Möglichkeit: David hätte
vermutlich den Partnerabend mit Astrid gar nicht so fürch-
terlich gefunden, wenn die Feieralternative nicht bestanden
hätte. Das vermeintlich Bessere ist leider der Feind des Guten. Wäre es nicht für alle besser, wenn jeder nur das täte,
worauf er am meisten Lust hat?

Sicher kennt jeder das Gefühl, hin- und hergerissen zu sein
zwischen verschiedenen Möglichkeiten, seine Freizeit mit
möglichst intensiven Erlebnissen zu füllen. Auch hier setzt
sich langsam die Logik des Nutzenmaximierers durch: Inves-
tiere deine kostbare Freizeit in die Aktivität, die dir die meiste
Lust verschafft! Partnerschaft wäre dann das sichere Enter-
tainment-Abo: emotionaler Halt und regelmäßige sexuelle
Triebabfuhr um den Preis einer langfristigeren Bindung und
einer gewissen Abnutzung von Intensitäten durch Routine.
Über diese Sockelbefriedigung hinaus kann man bei Bedarf in
Premiuminhalte wie Partys oder One-Night-Stands investie-
ren. Hier ist der Unsicherheitsfaktor in Hinblick auf Erfolgs-
aussichten und Erlebnisqualität zwar höher, dafür aber auch
die mögliche Spaß-Rendite. Je nach Anlegertypus empfiehlt
sich also ein guter Mix im Portfolio: Konservative Freizeit-
investoren setzten auf einen hohen Prozentsatz an sicheren
Partnerschaftspapieren, während sich der risikofreudigere

Anleger mehr von spekulativen Erlebnisaktien verspricht, auf die Gefahr hin, am Ende leer auszugehen. Natürlich muss man bisweilen seine Papiere auch umschichten. Wenn die Partnerschaft keinen Mehrwert mehr verspricht, muss man die Beziehungsaktien abstoßen, und wenn spekulative Blasen platzen, orientiert man sich wieder an den klassischen Werten. Dem Homo oeconomicus, also dem unternehmerischen Menschen, ist klar, dass alles seinen Preis hat. Doch haben die Menschen und Dinge für ihn auch einen Wert? Ist es legitim, Partnerschaft und Freizeitspaß nach dem Kosten-Nutzen-Kalkül gegeneinander abzuwägen? Wenn David schließlich das schlechte Gewissen einholt, wird ihm wohl deutlich, dass Astrid nicht nur ein Event neben vielen anderen ist, sondern ein Mensch, mit dem er eine Liebesbindung eingegangen ist und der nicht bloß sein Spaßguthaben vermehrt, sondern seine Existenz verwandelt (vgl. »Darf ich wegen Liebeskummer krankfeiern?«, S. 73 ff.).

Bei der Beantwortung der Frage, ob es denn legitim ist, für eine Party den Partner oder die Partnerin zu versetzen, kommt es deshalb vor allem auf die Haltung an, mit der diese Abwägung getroffen wird. Wer eine Absprache leichtfertig bricht, weil ihm ein kurzfristiges Vergnügen mehr Lustgewinn verspricht, kränkt den Partner, weil er diesen in seinem Spaß-Ranking höchstens an die zweite Stelle platziert. Der französische Existenzialist Jean-Paul Sartre (1905–1980) hat festgestellt, dass es sich bei der wirklichen Liebesbeziehung immer um eine *absolute* Wahl handelt. D. h., wer liebt, trifft seine Entscheidung für den anderen nicht im Komparativ: »Clara ist *schöner* als Imke« oder »David hat einen *besseren* Job als Thomas« oder »Diese Party macht *mehr* Bock, als mit Astrid zusammenzusein«. Dies wäre das Kalkül des Nutzenmaximierers. Liebe bedeutet zu sagen: »Du und sonst niemand!« Haben beide Seiten diese Entscheidung getroffen, wird niemand den anderen für eine Party sitzen lassen, wohl aber Verständnis dafür haben, wenn der andere alleine ausgehen möchte. Ist nämlich die Beziehung ein Fundament, auf das beide vertrauen können, wird die Frage der Freizeitgestaltung ein organisatorisches Problem von Absprache und Rücksicht sein und nicht mehr ein Schauplatz für Partnerschaftskonflikte.

Muss ich einem Kumpel, der nüchtern wirkt, aber definitiv zu viel getrunken hat, den Autoschlüssel abnehmen?

Die Sonne knallt vom Himmel, als Oli in seinem schwarzen Polo vorfährt. Thomas und seine Freundin Steffi steigen ein, und weiter geht's ins Grüne.

Thomas: »Super, dass du uns mitnimmst. Ich habe echt keinen Plan, wo die Feier ist.«

Oli: »Kein Problem. Ohne Auto wärt ihr ohnehin total schwer zur Party gekommen. In dieses Kaff fährt alle zwei Stunden mal ein Bus. Und dann muss man noch ewig latschen. Früher, als wir noch zur Schule gegangen sind, hatte ich regelmäßig das Vergnügen.«

Thomas: »Ich finde es aber witzig, dass Soko seinen Geburtstag auf dem Land feiert.«

Oli: »Ihr Stadtkinder …«

Steffi: »Und es ist echt okay für dich, dass du nichts trinkst, Oli?«

Oli: »Ich habe in letzter Zeit so viel gefeiert. Da ist es mal ganz gut, wenn ich mich zurückhalte!«

Sokos Party ist der Hit. Die Gäste sind in Feierlaune, der DJ sorgt mit seiner Musik für Urlaubsflair, und die Steaks und Bratwürste schaffen die nötige Biergrundlage. Dieses fränkische Bier ist aber auch verdammt süffig. Und regelmäßig macht Soko die Runde und schenkt selbst gebrannten Zwetschgenschnaps von seinem Onkel aus.

Es ist drei Uhr nachts, als Steffi und Thomas heimwollen.

Thomas: »Oli, wie schaut's aus? Soll ich ein Taxi bestellen? Steffi ist ganz schön fertig. Und ich bin auch reif fürs Bett.«

Oli: »Wieso Taxi? Ich fahr.«

Thomas: »Ach komm. Du hast doch auch was getrunken. Ist doch besser, wenn wir ein Taxi nehmen.«

Oli: »Quatsch. Ich hab echt nicht viel getrunken. Da kann ich locker noch fahren.«

Thomas: »Das halte ich für keine gute Idee. Am Ende wirst du noch angehalten …«

Oli: »Jetzt mach dich mal locker. Ich habe echt alles unter Kontrolle. Findest du, ich wirke so besoffen?«

Thomas: »Das nicht. Aber du hast auch nicht weniger als ich getrunken. Und da kannst du auf keinen Fall mehr fahren.«

Oli: »Also, ihr könnt ja mit dem Taxi fahren. Aber ich bring meine Karre nach Hause. Hab echt kein Bock, morgen wieder hierherzukommen, um das Auto abzuholen.«

Thomas: »Ich komm doch auch mit morgen. Also, fahren darfst du jetzt echt nicht mehr.«

Oli ignoriert Thomas und nimmt Kurs auf sein Auto.

Thomas: »Das ist doch scheiße. Komm, bleib hier. Oli, du darfst nicht mehr fahren.«

Oli dreht sich noch einmal um, winkt seinen Freunden grinsend zu, steigt in seinen Polo ein und fährt. Auf dem Heimweg wird Oli nicht kontrolliert, er baut auch keinen Unfall. Trotzdem macht sich sein Freund Thomas noch tagelang Vorwürfe. Hätte er Oli den Schlüssel abnehmen sollen?

So entscheidet der Freundeskreis

JA-Sager

→

Celina (22): Natürlich nehme ich mir den Schlüssel. Das wäre ja total verantwortungslos, wenn ich meine Freundin betrunken fahren lasse. Da kann die ruhig meckern und motzen. Am nächsten Tag ist sie sicher froh.

Basti (23): Ich habe neulich erst einen Kumpel am Fahren gehindert. Der hat auch gar keinen großen Aufstand gemacht. Ich würde das immer wieder machen.

NEIN-Sager

←

Michéle (31): Wie bescheuert ist das, einem erwachsenen Mann den Autoschlüssel wegzunehmen. Der ist doch bitte schön selbst für sich verantwortlich. Ich finde das das totale No go.

Corinna (27): Ich würde schon was sagen. Aber den Schlüssel abnehmen auf keinen Fall. Wie soll das auch gehen? Soll ich den meiner Freundin aus der Hand reißen?

Alexander (24): Am Ende haut der mir eine rein, wenn ich ihm den Schlüssel wegnehme. Da habe ich echt kein Bock drauf. Und was nützt das? Das nächste Mal fährt er doch eh wieder besoffen!

Das sagt der Philosoph

Zum Thema ›Alkohol am Steuer‹ darf es keine zwei Meinungen geben: Wer zu viel getrunken hat, ist nicht mehr in der Lage, verantwortlich ein Fahrzeug zu führen, und wird zur Gefahr für sich und andere. Nun ist es so, dass gerade Alkohol oft zu Selbstüberschätzung und Leichtsinn führt. Wir schätzen diese Wirkung, wenn wir feiern, weil lästige Zweifel,

Hemmungen und Skrupel verschwinden und wir uns stattdessen ausgelassen, frei und stark fühlen – zumindest solange wir nur moderat trinken. Bei größeren Mengen schlägt das Gefühl der Leichtigkeit in benommene Schwerfälligkeit um, was für die Autoproblematik von Vorteil ist, weil man in dieser Situation wohl kaum noch in der Lage ist, den Schlüssel ins Schloss zu stecken, ohne die Fahrertür zu zerkratzen, geschweige denn, koordiniert ins Auto zu steigen.

Was aber machen wir mit dem beschwingten Partygast, der von sich behauptet, bloß angeheitert zu sein, obwohl er mit Sicherheit die Promillegrenze weit überschritten hat? Der moralische Konflikt besteht nicht darin, ob er fahren darf oder nicht. Hier gilt uneingeschränkt: Er darf nicht fahren! Und zwar nicht, weil ihm eine Kontrolle ein Bußgeld einbringen würde, sondern weil Reaktions- und Koordinationsvermögen eingeschränkt sind. Selbst wenn er selbst keinen Unfall auf leeren Straßen verursachen würde, besteht die Gefahr, dass er auf unvorhergesehene Dinge unangemessen reagieren wird.

Schwieriger ist die Frage zu beantworten, wem denn obliegt, ihn davon abzuhalten, und wie das zu bewerkstelligen ist, ohne ihn zu kränken. Aus philosophischer Sicht müsste man dem Betrunkenen zunächst eine Trübung seiner Urteilsfähigkeit attestieren. Der Alkohol führt ja nicht nur dazu, dass er nicht mehr verantwortlich Auto fahren kann. Hinzu kommt nämlich, dass er nicht einmal beurteilen kann, ob er dazu in der Lage ist oder nicht. Würde er als nüchterner Doppelgänger seiner selbst gefragt werden, würde er sofort zustimmen, dass sein Alter Ego keinesfalls fahrtüchtig ist. Gute Freunde und sogar Fremde müssen hier einschreiten und die Fahrt unmittelbar unterbinden.

Muss ich einem Freund etwas gönnen, das ich selbst gerne hätte, aber nicht bekommen kann?

Es ist nicht so, dass Nina hässlich wäre. An guten Tagen gesteht sie sich durchaus ein, dass sie zu den schöneren Menschen dieser Welt zählt. Seit sie zehn Kilo abgenommen hat, kann sie alles tragen. Seit sie den neuen Job hat, kann sie sich auch alles leisten. Und wenn nicht, findet sich schon ein Verehrer, der den nächsten Drink in der Disko springen lässt. Einen Freund hat sie aktuell nicht, aber wer braucht den auch, wenn es so bezaubernde Freundinnen gibt wie die von Nina. Und hey: Nina ist gerade mal 27 Jahre alt. Da stehen ihr doch auch noch alle Türen offen. Es kann also das Fazit gezogen werden, dass Nina mit sich und ihrem Leben prinzipiell zufrieden ist.

Trotzdem ist Nina nicht gänzlich frei von Neid und Missgunst. Und das ärgert sie gewaltig. Denn eigentlich möchte Nina großzügig sein und ihren Mitmenschen alles gönnen. Aber das ist manchmal so verteufelt schwer. Und besonders schämt sich Nina, dass sie so oft neidisch auf ihre wirklich gute Freundin Charlotte ist. Aber Charlotte ist nun mal das geborene Glückskind. Ihr fällt zu, was sich andere (so auch Nina) hart erarbeiten müssen. Oder was andere (besonders Nina) nie bekommen werden.

Das fängt bei Charlottes Familie an. Die Eltern sind einfach wundervoll: warmherzig, fürsorglich, interessiert. Regelmäßig machen sie mit Charlotte und ihrem Bruder Reisen. Coole Reisen – nach Vietnam, auf die Malediven, Dubai. Nina war 14, als sie das letzte Mal mit ihren Eltern verreist ist. Nicht, dass sie scharf auf einen weiteren Urlaub mit ihren Eltern an der Ostsee wäre! Dafür sind die Erinnerungen an das Fiasko vor 13 Jahren dann doch noch zu präsent. Aber was würde sie manchmal dafür geben, solche Eltern wie Charlotte zu haben.

Dann wäre da noch Charlottes unglaublich positive Ausstrahlung. Irgendwie wirkt Charlotte immer glücklich. Neben ihr kommt sich Nina vor wie die reinste Spaßbremse. Wenn die beiden zusammen auf einer Party eintrudeln, hat sich Charlotte innerhalb einer halben Stunde mit sämtlichen Gästen verkumpelt. Und Nina nippt neben ihr an einem Bier und will am liebsten so schnell wie möglich wieder nach Hause. Dabei kann Nina schon auch witzig sein. Das weiß sie auch. Aber gegen so viel Charisma kommt sie einfach nicht an.

Und jetzt hat Charlotte auch noch geerbt. Von einem Großonkel, mit dem sie nie viel zu tun hatte. Dessen Tod folglich relativ gut zu verkraften ist. Und dessen Hinterlassenschaft wirklich beachtlich ist. Über Geld spricht man ja nicht, aber dann konnte Charlotte es doch nicht für sich behalten – und es ist wirklich sehr sehr sehr sehr sehr sehr viel Geld. So viel Geld, dass Nina für einen kurzen Augenblick die Gesichtszüge entglitten sind. Danach hat sie sich obligatorisch für Charlotte gefreut und sich innerlich ausgemalt, was sie (Nina) alles mit dem Geld anfangen würde. Auf jeden Fall ein toller Urlaub, vielleicht eine kleine Wohnung kaufen, natürlich eine fette Party feiern. Wenn sie doch nur so viel Geld hätte …

Und plötzlich wird Nina klar: Nicht sie, sondern Charlotte hat das Geld. Und Nina wird vermutlich nie so viel erben. Und Nina wird auch nie so eine tolle Familie haben. Und Nina wird auch nie diese unvergleichliche Ausstrahlung wie Charlotte haben. Warum hat Charlotte bloß so viel Glück? Jetzt nur keinen Neid aufkommen lassen.

So entscheidet der Freundeskreis

JA-Sager →

Silke (22): Natürlich muss ich meiner Freundin das gönnen. Ich hasse das immer, wenn ich merke, eine Freundin ist neidisch. Das schürt nur Konkurrenzkampf. Und mit Freundschaft hat das dann nur noch wenig zu tun.

Hektor (30): Ich habe kein Problem damit, dass mein Freund mehr Kohle hat als ich. Dafür habe ich andere Dinge, die er vielleicht gerne hätte. Das ist unterm Strich doch alles immer ausgeglichen.

Andrew (28): Wenn die Freundschaft gut ist, dann gönnst du deinem Freund auch alles. Neid finde ich absolut ätzend.

NEIN-Sager ←

Tanja (19): Ich habe eine Freundin, der alle Jungs hinterherlaufen. Und ehrlich gesagt gönne ich ihr das nicht.

Torben (26): Für meine Gefühle kann ich ja nichts. Und natürlich bin ich auch mal neidisch, wenn bei meinem Freund alles klappt und bei mir nichts. Das finde ich völlig normal.

JEIN-Sager ←→

Anja (29): Schwierig. Natürlich freue ich mich für meine Freunde. Aber deshalb kann ich noch lange nicht ausschließen, dass ich manchmal denke: Das hätte ich jetzt eher verdient.

Das sagt der Philosoph

Das Leben ist ungerecht: Schönheit, Charme, Intelligenz, Körperbau, Begabungen, Fähigkeiten, Reichtum und sozialer Status sind sehr ungleich unter den Menschen verteilt. Einige dieser Eigenschaften kann man aus eigener Kraft erwerben, andere besitzt man allein schon durch die Geburt in ein bestimmtes Umfeld, wieder andere sind eine Mitgift der Natur. Diese Ungleichheiten sind zum einen ein sozialpolitisches Verteilungsproblem, z. B. wenn es um Chancengleichheit bei unterschiedlichen Ausgangsvoraussetzungen geht. Aber sie sind natürlich auch ein ganz individuelles, privates Problem für viele Menschen und können zu Neid und Missgunst führen. Woran liegt das? Viele dieser Unterschiede dürften doch in einem reichen Land wie Deutschland gar keine Rolle spielen, wenn es darum geht, glücklich zu sein. Um ein gutes Leben zu führen, muss man ›nur‹ im Einklang mit sich selbst sein und in der Lage, sich seine wesentlichen Bedürfnisse zu erfüllen, würde der Philosoph Jean-Jacques Rousseau (1712–1778) sagen, der sich in seiner Schrift »Über die Ungleichheit unter den Menschen« diesem Problem gewidmet hat. In Gesellschaft fällt es uns jedoch schwer, unser Glück zu finden, weil wir es nicht in uns selbst suchen, sondern auf das schielen, was die anderen haben und wir nicht.

Das Bessere ist der ärgste Feind des Guten: Es ist gut, nach Holland zu reisen, aber die Malediven sind einfach paradiesisch. Mein Mobiltelefon ist praktisch, aber die neuesten Modelle mit der sexy Streicheloberfläche lassen mein Gerät aussehen wie einen zum Aussterben verdammten Technikdinosaurier. Ich bin stolz auf einen festen Job nach der Ausbildung, und prompt kriegt der Freund, der studiert hat, einen hochdotierten Posten im Management. Was mir gerade noch kostbar war, wird zur Quelle der Scham, wenn ich sehe, was meine Freunde sind, was sie haben und was sie können. Und alles in mir schreit: Das will ich auch!

Rousseau analysiert die Ursachen für dieses seltsame Unglück und findet sie in der Neigung der Menschen, sich zu vergleichen. Erst der Vergleich wirft den Schatten des Besseren auf das Gute, sodass Unzufriedenheit und Neid entstehen können. Im Grunde stehen wir vor zwei Alternativen der Lebensführung: Suchen wir das Maß unseres Glückes in uns selbst oder messen wir uns dazu mit anderen? Dann geht es uns nur so lange gut, wie wir andere überflügeln, und dann schlecht, wenn wir unterliegen. Wer sein Leben auf den Vergleich setzt, macht sich von anderen abhängig und wird nie zur Ruhe kommen, weil es immer jemanden geben wird, der ihn zu übertrumpfen droht.

Was tragen diese Überlegungen zur Beantwortung unserer Frage bei? Wenn ich mein Leben danach ausrichte, mich an mir selbst zu orientieren, kann ich dem anderen alles gönnen, was ihm an Gutem widerfährt. Es entwertet nichts von dem, was ich bin und habe, und das Wohlergehen des Freundes ist nicht die Ursache dafür, dass mir etwas fehlt. Und noch deutlicher: Selbst wenn er das, was ich begehre, wieder verlieren würde, ginge es mir ja keinen Deut besser. Neid und Missgunst unter Freunden sind insofern zwar nachvollziehbar, aber auch Ausdruck innerer Schwäche eines Lebens, das auf den Vergleich setzt. Aufrichtiges »Gönnen« ist dagegen eine Stärke, die Menschen zukommt, die zu sich selbst gefunden haben. Sie müssen sich gar nicht unter Zuhilfenahme von moralischen Imperativen innerlich dazu zwingen, sich am Wohl des anderen mitzufreuen. Der Missgünstige aber spielt mit der Fantasie, dem anderen sein Wohl zu rauben! Vielleicht kann diese bestürzende Einsicht ja zum Anlass werden, die Suche nach dem Glück nicht im Vergleich von Besitzverhältnissen, sondern in mir selbst zu beginnen.

Darf man Freunde abwimmeln, weil man weiß, dass sie eh nur jammern?

Egal ob Freund, Job, Kohle, Eltern oder die kleine Schwester – für Katrin gibt es in letzter Zeit kein Thema, über das sich nicht jammern lässt. Selbst das Wetter kann es ihr nicht recht machen. Wenn es regnet, ist sowieso alles scheiße, und wenn die Sonne scheint, hat sie wahlweise Augenprobleme, weil sie so stark geblendet wird, oder ihr ist schlicht mal wieder viel zu warm. Jeder Vorschlag, ihre Leiden zu lindern, endet in einer neuen Katastrophe. Zum Beispiel neulich, als es in Strömen geregnet hat. Natürlich ausgerechnet in der Mittagspause. Für Katrin eine mittlere Katastrophe, wo sie doch grade frisch beim Friseur war. Im Büro spielten sich dramatische Szenen ab: Die Wahl zwischen ihrem unversehrten Äußeren und dem nahenden Hungertod trieb Katrin schier an den Rand der Verzweiflung. Und was macht ihre arme, ahnungslose Kollegin Sina? Bietet ihr einen Schirm an. »In Neonpink!«, empört sich Katrin am Telefon. »Kannst du dir das vorstellen? Neonpink! Mit so einem kleinen Comic-Kätzchen drauf! Ich watschel doch nicht mit einem Kinderschirm in die Kantine!«

Hedda muss schwer an sich halten, um nicht laut loszulachen. Denn so witzig, wie sich das alles anhört, ist es leider nicht. Katrin meint es nämlich todernst mit ihrer Beschwerde. Sina hat schlichtweg Glück gehabt, dass es einer von Katrins besseren Tagen war. Sie ist lediglich mit einem entrüstet-eisigen Blick für ihren »unverschämten« Vorschlag abgestraft worden. An einem schlechten Tag hätte Katrin sie aufgefressen – also bildlich gesprochen. »Aber vielleicht hat Sina es ja wirklich nur gut gemeint«, versucht Hedda ihre Freundin zu beschwichtigen.

»Gut gemeint? Die wollte mich der Lächerlichkeit preisgeben! Und zwar mit Absicht.«

Hedda ist mit ihrem Latein am Ende. »Na ja, wenn du meinst. Also ich hab Sina bis jetzt eigentlich nicht so kennengelernt. Sag mal, was ist denn eigentlich mit heute Abend? Gehen wir zu zweit ins Kino, oder kommt Jannis mit?«

Keine zwei Sekunden später bereut Hedda ihre Frage bereits wieder: »Jannis?! Hör mir bloß auf mit dem. Ich hab dem schon vor einer Woche gesagt, dass wir heute Abend zum Kino verabredet sind. Und ich hab ihm extra gesagt, dass er sich das aufschreiben soll. Und was ist? Da lässt der sich doch tatsächlich einen Geschäftstermin von seinem Chef reindrücken! Ich glaub ja, das macht der mit Absicht. Der geht lieber mit seinen Kollegen abends saufen, als mal was mit mir zu unternehmen.«

Kann ich irgendwie verstehen, denkt Hedda, während Katrin weiterschimpft. »Überhaupt hat der nie Zeit für mich. Manchmal hab ich das Gefühl, der liebt mich gar nicht mehr.«

Oh, Vorsicht, ganz dünnes Eis! Bloß schnell das Thema wechseln. Was Unverfängliches wäre am besten. Aber woher nehmen, wenn nicht stehlen?

»Sag mal, bist du eigentlich sicher, dass du diesen Film wirklich sehen willst?«, wird Hedda aus ihren Gedanken gerissen.

»Ja, klar, wieso nicht? Was ist denn mit dem Film? Den hattest du doch selbst vorgeschlagen?« Auf die Antwort bin ich gespannt, geht es Hedda durch den Kopf.

»Ja, ich weiß. Aber da hab ich ja die Kritiken noch nicht gelesen. Ich hab das jetzt mal intensiv recherchiert, und irgendwie glaub ich, ich bin heute nicht so in der Stimmung für eine romantische Komödie. Ich weiß auch nicht. Dann muss ich bestimmt wieder an Jannis denken und dass es im Moment nicht so gut läuft, und dann fang ich wieder an zu heulen.«

Hedda atmet tief ein. Jetzt kommt die Tour schon wieder. »Gut, dann gehen wir halt in den Actionfilm und heben uns den anderen einfach für später auf«, versucht sie den gemeinsamen Kinoabend zu retten, auf den sie langsam, aber sicher selbst keine Lust mehr hat.

»Nein, Hedda, sorry, aber Action ist mir wirklich zu oberflächlich gerade. Und ständig dieses Geballer. Ich glaube, ich würde vielleicht doch heute Abend lieber zu Hause bleiben. Wär das schlimm für dich?«

Ehrlich gesagt fällt Hedda grade ein Stein vom Herzen. In der Verfassung wäre Kino mit Katrin eh kein Spaß. Aber immer schön diplomatisch bleiben: »Na ja, ich find's natürlich schade, wenn wir uns heute Abend nicht sehen. Aber wenn du nicht gut drauf bist, kann ich das schon verstehen.«

Was Hedda nicht ahnt: Jetzt geht das Gejammer erst richtig los. Katrin lässt ihrer Verzweiflung freien Lauf. Der Job ist irgendwie gerade zu stressig, ihr Chef ist gemein, und überhaupt haben es alle Kollegen nur darauf abgesehen, sie fertigzumachen. Und dann ist auch noch das Urlaubsgeld gestrichen und ihr Traum von der dreiwöchigen Rundreise durch Australien damit geplatzt. Eine günstigere Alternative, zum Beispiel Backpacking in Thailand, kommt selbstverständlich nicht in Frage, und Hedda ärgert sich schon wieder, dass sie das überhaupt vorgeschlagen hat. Schließlich geht es nicht darum, Probleme zu lösen. Es geht ausschließlich und allein darum, sich mal ordentlich auszukotzen. Und Hedda spielt halt mal wieder den seelischen Mülleimer, so wie es sich als Freundin eben gehört.

Als Katrin nach geschlagenen eineinhalb Stunden endlich fertig ist mit ihrem Leidensmonolog, fühlt sich Hedda wie von einem Lastwagen überfahren. Das Einzige, was jetzt noch hilft, ist Schokolade. Als sie nach einer halben Tafel Vollmilch-Nougat endlich wieder zu Kräften kommt, fasst Hedda den Entschluss, sich das in den nächsten zwei Wochen nicht noch einmal anzutun. Wirklich, sie mag Katrin. Sehr sogar. Aber wenn sie noch mal anruft, nur um ihr stundenlang einen vorzuheulen, hat Hedda einfach grade keine Zeit. Dann wartet sie halt zufällig auf ein wichtiges Telefonat oder hat ihre Mutter auf der anderen Leitung. Obwohl das schon ein bisschen gemein ist, findet Hedda. Jeder hat ja mal so Phasen, in denen einfach alles irgendwie doof ist. Und manchmal ist das eben nicht nur einen Tag lang so, sondern halt auch was länger. Und wenn nicht mal die beste Freundin das mit einem durchsteht, wer dann? Auf der anderen Seite: Wenn die beste Freundin nach jedem dieser Telefonate eine Tafel Schokolade braucht, passt sie bald nicht mehr durch die Haustür. Hedda kneift prüfend die Haut über ihren Hüften zusammen, während sie weitergrübelt und sich über die andere Hälfte der Schokolade hermacht.

Darf man seine Freundin abwimmeln, weil man weiß, dass sie nur jammert?

So entscheidet der Freundeskreis

JA-Sager
Kim (23): Das kommt in den besten Familien vor, dass man sich auf den Keks geht. Auch bei guten Freunden. Da darf man sich auch schon mal rausziehen.
Leon (19): Ja, so was gibt's halt schon mal. Wenn es nichts Akutes ist, sondern so generell schlechte Laune, dann ist das schon okay.

Merel (27): Na klar darf man. Vor allem, wenn Jammern zum Dauerzustand geworden ist. Da sollte man aber auch generell mal überprüfen, was die Freundschaft noch taugt.

← NEIN-Sager
Karim (24): Wenn das ein Freund ist, muss man den nehmen, wie er ist. Wenn man selber nicht so gut drauf ist, ist man ja auch froh, wenn einem jemand zuhört.

Diane (18): Also, wenn man jemanden abwimmelt, weil er mal schlecht drauf ist, dann ist das keine richtige Freundschaft.

Olli (30): Auch wenn es schwerfällt: Auf Freunde muss man sich in jeder Situation verlassen können. In so Momenten trennt sich die Spreu vom Weizen. Echte Freunde stehen das durch.

↔ JEIN-Sager
Prisca (26): Klar, das kann natürlich nerven, wenn Freunde in einer Depri-Phase hängen. Aber abwimmeln geht nur, wenn man wirklich grade keine Zeit hat. Keine Lust zählt da nicht.

Ela (22): Es ist natürlich schlimm, gute Freunde leiden zu sehen, und doof, wenn man das Gefühl hat, man kann nicht helfen. Aber da muss man echt abwägen. Abwimmeln geht nur, wenn wirklich was anderes, Wichtiges ansteht.

Das sagt der Philosoph

In einer guten Freundschaft sind die Sorgen der Freundin auch meine Sorgen. Dass sie mir ihr Herz ausschüttet, mir von den Dingen berichtet, die sie belasten, ist in diesem Rahmen selbstverständlich. Womöglich würde ich ihr sogar übel nehmen, wenn sie Dinge vor mir verbergen oder andere Personen ins Vertrauen ziehen würde. Ich werde sogar in Kauf nehmen, dass sie mir Zeit raubt oder sich in ihrem Jammern im Kreise dreht, weil ich weiß, dass ihr Unglück dafür verantwortlich ist, dass sie in einer Ausnahmesituation nicht mehr abschätzen kann, wie sehr sie mich beansprucht. Mich mit einem Vorwand hier aus der Verantwortung zu ziehen, nur um meine Ruhe zu haben, wäre ein Verrat an der Freundschaft. Ich selbst wäre ja bitter enttäuscht, wenn die Freundschaft nur für gute Zeiten gelten würde, als reine Zweckgemeinschaft, in der es nur darum geht, möglichst viel Spaß zusammen zu haben.

Es gibt aber eine fließende Grenze zwischen freundschaftlichem Ausheulen und Aufmuntern und einem missbräuchlichen Ausnutzen meiner Gutmütigkeit. Ab einem bestimmten Punkt fühle ich mich zur Deponie für seelischen Abfall degradiert, wenn rücksichtslos Gefühle, Probleme und unverarbeitete Einfälle bei mir abgeladen werden. Oder ich merke, dass bestimmte Probleme immer wieder durchgekaut werden, ohne dass die naheliegenden Lösungen in Angriff genommen würden. Die Sängerin Annett Louisan spitzt es in »Die Lösung« herrlich zu: »Geh mir weg mit deiner Lösung, sie wär der Tod für mein Problem!« So kommt es, dass ich mich vielleicht irgendwann nur noch ausgenutzt fühle, ich aber kaum wage, eine Grenze zu ziehen, weil mir mein Gewissen einredet, ich hätte doch schließlich die Pflicht, Freunden zuzuhören und ihnen zu helfen.

Hier kann philosophisch Klarheit geschaffen werden. Hilfreich ist es, wenn man zunächst aufklärt, wie es überhaupt um die Beziehung bestellt ist. Handelt es sich überhaupt noch um Freundschaft oder hat die Freundin das Verhältnis einseitig umdefiniert und zieht einen egoistischen Nutzen daraus, dass ich es noch als Freundschaft betrachte? Werde ich zum Jammerpublikum gemacht, zum Zeugen von Selbstinszenierungen, die auf meine Schmerz- und Belastungsgrenzen keine Rücksicht mehr nehmen? In diesem Fall habe ich jedes Recht, mich vor diesem übergriffigen Verhalten zu schützen. Anders ist der Fall gelagert, wenn ich feststelle, dass die Freundin in wirklicher Not ist und ihr distanzloses Verhalten mir gegenüber Ausdruck einer tiefen seelischen Störung ist. In diesem Fall bin ich als Freund/in gefordert. Allerdings kann die Hilfe auch darin bestehen, die Gesprächswünsche und gestellten Erwartungen nicht zu erfüllen, wenn ich merke, dass dadurch keine Abhilfe geschaffen wird. Freundschaft kann z. B. keine Psychotherapie ersetzen. Mit anderen Worten kann es auch ein Akt der Freundschaft sein, einzugestehen, dass in Bezug auf die bestehende Problematik meine Kräfte überfordert sind und stattdessen psychologische Hilfe angezeigt ist. Wie unwürdig wäre es für den anderen, wenn ich mich nicht mehr als Person in all meinen Facetten zeigen würde, sondern in Gedanken immer den weißen Kittel anlegen müsste, um dann pseudo-therapeutische Gespräche zu führen?

Liebe:

hart oder herzlich?

Darf ich Freunden
zur Trennung raten?

Gleich ist es wieder so weit, denkt Lara. In der hintersten Ecke
des Schulhofes steht ihre Freundin Chrissie. Wild fuchtelt sie
mit den Armen vor Lutz herum, der stoisch wie ein Felsen mit
eiserner Mine über sie hinwegsieht. Das ist nicht weiter schwer,
denn Lutz ist locker zwei Meter groß, während Chrissie es
knapp über einen Meter sechzig geschafft hat. Chrissie schreit
wütend und ganz schön laut. Das reißt irgendwann auch Lutz
aus seiner Lethargie. Er beugt sich zu ihr hinunter, packt sie
mit seinen riesigen Händen fest an den Schultern und erwidert
etwas in ähnlicher Lautstärke. Dann dreht er sich um und geht.
In seinem Gesicht spiegeln sich Verletzung und Trotz wider.
Chrissie brüllt ihm weiter hinterher, bis er außer Sichtweite ist,
dann sackt sie in sich zusammen. Das Zucken ihrer Schultern
verrät Lara, dass sie weint. Zwei Jahre lang waren Chrissie und
Lutz das Traumpaar der Stufe. Aber seit einigen Monaten streiten sie nur noch. Wegen jeder Kleinigkeit. Inzwischen nutzen
die beiden fast jede Pause, um sich in der hintersten Ecke des
Schulhofes gegenseitig fertigzumachen. Und dann weinen entweder Chrissie oder Lutz oder beide.

Lara gibt sich einen Ruck, dann geht sie gefasst auf die andere Seite des Schulhofes, um ihrer Freundin beizustehen.
»So schlimm wieder?«, fragt sie mitfühlend und legt den Arm
um Chrissies schmale Schultern.

»Ich weiß auch nicht, wieso das immer wieder passiert«,
schluchzt diese.

Lara spart sich die Frage, worum es denn diesmal ging, und nimmt Chrissie einfach nur tröstend in die Arme. »Du, Chrissie«, sagt sie nach einer Weile, »hast du Lust, heute Abend mit mir ins Krasinsky zu gehen? Dann können wir in Ruhe reden.« Der Schulhof ist inzwischen menschenleer, der Unterricht hat längst wieder begonnen. Aber das ist jetzt auch egal. Lara will einfach ihrer Freundin beistehen. Was macht schon so ein schnöder Eintrag ins Klassenbuch wegen Verspätung. Einer mehr oder weniger, denkt Lara, macht den Braten jetzt auch nicht mehr fett.

Nach einer gefühlten Ewigkeit findet Chrissie ihre Stimme wieder: »Ja klar, gerne«, und ein wenig später fügt sie hinzu: »Tut mir leid, dass du jetzt schon wieder zu spät kommst.«

Lara lächelt verschmitzt: »Ach, in Mathe würd ich auch nix verstehen, wenn ich pünktlich wär. Mach dir da mal keinen Kopf.«

Laras Finger trommeln nervös auf dem Tresen des Krasinsky herum. Wie immer ist sie viel zu früh. Und wie immer würde Chrissie viel zu spät kommen. Aber heute, das hat sich Lara fest vorgenommen, wird sie sich nicht zum x-ten Mal stundenlang die Analyse dieses Beziehungsdramas reinziehen. Das muss endlich ein Ende haben. Nicht, weil Lara diese ständigen Szenen auf dem Schulhof nerven. Das tun sie natürlich auch, aber der Grund ist ein anderer. Lara hat fast körperliche Schmerzen, wenn sie hilflos mit ansehen muss, wie sich das einstige Traumpaar in einer beispiellosen Schlammschlacht immer tiefere Wunden zufügt. Schon vom bloßen Zusehen ist sie oft so traurig, dass ihr – natürlich unbemerkt von Chrissie und Lutz, die viel zu sehr mit sich selbst beschäftigt sind – die Tränen in den Augen stehen. Hier und heute wird sie Chrissie mit der bitteren Wahrheit konfrontieren. Sie muss endlich aufwachen, denkt Lara, und wenn ich ihr dafür einen Dolch ins Herz stoßen muss, dann muss das eben sein. »Lieber ein Ende mit Schrecken als ein Schrecken ohne Ende«, pflegte schon Laras Oma immer zu sagen. Und genau das scheint auch Lara die einzige Lösung zu sein.

Ihr Magen krampft sich zusammen, und ein flaues Gefühl bahnt sich seinen Weg. Wie ein enges Band legt es sich um ihr Herz. Trotzdem ist Lara fest entschlossen: Sie wird Chrissie heute zur Trennung raten. Bei dem Gedanken fühlt sich ihr Mund plötzlich ganz trocken an. »Kann ich bitte eine Apfelschorle bekommen?«, flötet sie dem Kellner zu. Lara schüttelt sich. Fühlt sich an wie lügen, denkt sie. Wie jemand, der grade einen Mord plant und sich hinter einer harmlosen Fassade versteckt. Na ja, Mord ist vielleicht ein bisschen hoch gegriffen. Aber ihr Ratschlag würde Chrissie das Herz zerreißen.

»Ach Scheiße«, murmelt Lara und fährt erschrocken herum, als sie eine Hand auf ihrer Schulter spürt.

»Hey Lara, träumst du?« Es ist Chrissies Stimme.

»Ich? Äh, nein.« Lara merkt, wie ihr ganz heiß wird. »Hallo Süße, schön, dass du da bist!«, sagt sie eine Spur zu überschwänglich und reißt ihre Freundin schnell an sich, um ihr rotes Gesicht zu verstecken.

»Sag mal, ist alles in Ordnung mit dir? Du bist so komisch.« Laras Herz rast. Sie kommt sich vor wie eine hinterhältige Verräterin, die ihre nichts ahnende Freundin in eine Falle lockt, um sie hinterrücks zu erstechen. »Findest du?« – wie scheinheilig war das denn jetzt bitte – »Ich war grad nur mit meinen Gedanken woanders. Willst du auch 'ne Apfelschorle, hab grad eine bestellt.« Ablenkungsmanöver einleiten – »Hat sich Lutz eigentlich seit heute Morgen noch mal bei dir gemeldet?« – und Feuer!

Noch bevor Chrissie ihren Mantel ablegt, beginnt sie mit der Anamnese ihrer Beziehung: »Ja, danke, Apfelschorle ist gut.« Und dann platzt es aus ihr heraus: »Lutz hat mir heute bestimmt fünf SMS geschickt. In den ersten beiden SMS hat er mich wüst beschimpft und mir Vorwürfe gemacht und danach tat ihm alles furchtbar leid und dann ...« Chrissie wühlt in ihrer Handtasche nach dem Handy: »Hier, lies selbst. Dann war er wieder total süß und ...« Die restlichen Worte verschwimmen zu einem Geräuschteppich.

Während Lara pflichtbewusst in Chrissies Handy nach den letzten SMS von Lutz sucht, schwindet ihre Entschlossenheit. Urplötzlich ist ihr klar, dass sie ihr Vorhaben heute sicher nicht mehr in die Tat umsetzen wird. Trotzdem hat sie das unbestimmte Gefühl, dass es als Freundin ihre Pflicht ist, Chrissie mit den harten Tatsachen zu konfrontieren. Oder nicht?

So entscheidet der Freundeskreis

→ JA-Sager
Lucie (19): Na klar. Wenn einem Freunde schon nicht die Wahrheit sagen, wer dann? Gerade auch in Beziehungen.
Jerome (25): Ja, und das hab ich auch schon gemacht. Wenn's nicht mehr geht, finde ich, dann muss man das als Freund auch sagen.
Nic (30): Also, wenn man wirklich sieht, dass da nichts mehr zu holen ist, sollten Freunde auf jeden Fall zur Trennung raten.

← NEIN-Sager
Leonhard (23): Da müssen sich Freunde raushalten. Eine Beziehung geht nur die beiden Partner etwas an. Und nur die können entscheiden, ob eine Trennung in Frage kommt.
Omar (25): Freunde müssen vor allem zuhören. Und wenn's kacke läuft, müssen sie dich trösten und dir den Rücken stärken. Nicht weniger. Aber auch nicht mehr.

Saskia (28): Auf gar keinen Fall. Das wär ja auch schön blöd, wenn man zur Trennung rät, und danach ist's dann doch das Falsche gewesen. Das kann ja auch 'ne Freundschaft gefährden.

Britta (20): Da kann man sich schön in die Nesseln setzen. Als ich das mal gemacht hab, ist meine Freundin durchgedreht und hat gemeint, ich würd ja nur selber was von ihrem Freund wollen. Seitdem kann ich nur jedem raten: raushalten!

JEIN-Sager   ←→

Yasmin (32): Da ist viel Fingerspitzengefühl gefragt. Wenn man's geschickt machen will, dann verpackt man das als Frage und spielt mit der Freundin mal durch, was denn bei einer Trennung passieren würde. Entscheiden muss sie aber natürlich selber.

Emilio (18): Muss natürlich jeder selber wissen. Aber als guter Freund darf man das mal vorsichtig nahelegen. Je nachdem, wie die Reaktion so ist. Wenn man merkt, das kommt nicht gut an, lässt man's lieber. Alles andere gefährdet die Freundschaft.

Das sagt der Philosoph

Wie sagt der Volksmund so treffend? Ratschläge sind auch Schläge! Insbesondere ungebetener Rat gilt als schlechter Rat, und deshalb zögern wir, bevor wir uns in das Leben anderer Menschen einmischen. Dabei nehmen wir selbst doch durchaus gerne Rat an: In medizinischen Dingen verlassen wir uns auf die Ratschläge unseres Arztes und unsere Steuerangelegenheiten erledigt der Steuerberater. Dabei vertrauen wir auf den Experten, in Bereichen, wo wir uns nicht auskennen, und sind sogar bereit, dessen Rat entsprechend zu bezahlen. Das Besondere an diesen professionellen Beratungsangeboten besteht darin, dass sie sich auf Themen beziehen, in denen die Qualität der getroffenen Entscheidungen durch fundiertes Expertenwissen zu verbessern ist. Dass dies in Liebesdingen nicht der Fall ist, davon zeugen nicht zuletzt die unzähligen geschiedenen Paartherapeuten und impotenten Sexualwissenschaftler. Wie bei allen Themen, die mit Gefühlen zu tun haben, ist es unmöglich, Gesetzmäßigkeiten auszumachen, geschweige denn sichere Prognosen abzugeben. Wer als Experte in diesen Dingen auftritt und sich die Autorität des Ratgebers anmaßt, ist ein Scharlatan, der sich an der Not der Menschen bereichern will (von der Hellseherin im Shopping-Kanal bis zum Lebenshilfe-Ratgeber in der Esoterikecke der Buchhandlung).

Vor diesem Hintergrund ist es gut nachvollziehbar, dass wir zögern, unsere Freundschaft einem Stresstest auszusetzen, indem wir der besten Freundin raten, ihre Beziehung zu beenden. Einerseits möchten wir sie nicht kränken, indem wir offenkundig ihr Urteilsvermögen oder ihre Entschlusskraft in Zweifel ziehen. Zum anderen können wir keine Garantie dafür übernehmen, dass unser Rat überhaupt der richtige ist. Wir können nur beurteilen, was wir von außen sehen. Welchen Sinn die sichtbaren Ereignisse und Konflikte in der gemeinsamen Geschichte des Paares entfalten, können wir kaum abschätzen: Arbeitet man sich aneinander ab, um zu einer Ebene des tieferen Vertrauens vorzudringen? Oder gerät das Paar in einen heillosen Strudel von Psycho-Vampirismus und Abhängigkeit? Ist die Freundin blind vor Liebe oder einfach nur hellsichtiger als ich, wenn sie bei allen Problemen auch die Qualitäten des Partners hervorhebt? Ist mein Rat überhaupt objektiv oder versuche ich nur egoistische Motive zu verschleiern, weil ich z. B. eifersüchtig bin, da die Freundin, seit sie in der Partnerschaft ist, weniger Zeit für mich hat?

Ein letzter gravierender Grund für Zurückhaltung in diesen Angelegenheit besteht in der Ungewissheit bezüglich der Folgen, denn wenn ich einen Rat gebe, trage ich scheinbar auch die Verantwortung für alles, was aus seiner Befolgung resultiert: die Auseinandersetzungen des Paares, die Verletzung des Partners, die Einsamkeit der Freundin nach der Trennung usw.

Doch auch wenn all diese Überlegungen zutreffen sollten, hat dann nicht trotzdem meine Sorge, dass die Freundin durch die Partnerschaft unglücklich wird, eine Berechtigung? Würde ich nicht umgekehrt gerade von einem Freund oder einer Freundin erwarten, dass er oder sie mich vor gravierenden Lebensfehlern warnt? Mache ich mich durch mein Schweigen nicht mitschuldig am Unglück der Freundin, wenn ich den Grund für ihren Kummer entdeckt habe, aber nicht dazu beitrage, sie davon zu befreien?

Tatsächlich ist aus den genannten Gründen ein autoritärer Rat nach dem Muster »Mach genau das, was ich dir sage!« nicht zu rechtfertigen. Aber in einem offenen Gespräch kann ich mit dem entsprechenden Fingerspitzengefühl Befürchtungen vorbringen und meine Sicht der Dinge mit den Einschätzungen der Freundin abgleichen. So zartfühlend und respektvoll ich dann ihr gegenüber bin, so deutlich muss ich in der Sache sein, selbst auf die Gefahr hin, dass die Freundschaft daran zerbricht. Jemandem eine Wahrheit nicht zuzumuten, bedeutet immer auch, ihn als Person nicht ernst zu nehmen. Wenn es anschließend darum geht, welche Konsequenzen aus der gemeinsamen Analyse gezogen werden, kann ich dabei behilflich sein, das Für und Wider der Handlungsalternativen gegeneinander abzuwägen. Die Last der Entscheidung kann und darf ich dem anderen aber nicht abnehmen, denn schließlich hat jeder die Folgen selbst zu tragen.

Darf ich mir Sexfantasien mit dem Partner des Freundes oder der Freundin ausmalen?

Es klingelt. Jona ist ganz verschlafen, als er in Boxershorts die Tür aufmacht. Vor ihm steht Miri. Bevor Jona schnallt, was eigentlich los ist, spürt er Miris Lippen auf seinen. Ihre Finger krallen sich in seinen Oberkörper. Es besteht kein Zweifel, was Miri will: Sex – mit Jona – und zwar sofort! Jona packt Miri, hebt sie hoch. Ihre Beine schlingen sich um sein Becken. Er trägt sie zum Esstisch, setzt sie darauf ab. Sie zieht ihr Top aus und lehnt sich nach hinten …

Als Jona aufwacht, ist er ganz wirr im Kopf. Kein Wunder – das Hirn ist aktuell mit Blut noch etwas unterversorgt. Das ändert sich schlagartig, als Jona an Martin denkt. Martin. Jonas bester Freund. Und nebenbei auch noch der Freund von Jonas Traumfrau Miri. Verdammt. Jona wollte sich diese Fantasien eigentlich aus dem Kopf schlagen. Und jetzt ist es schon wieder passiert. Verdammte Miri, verdammt hübsche, süße, sexy Miri. Es besteht kein Zweifel: Jona ist verknallt in die Freundin seines besten Freundes.

Niemals würde Jona Miri angraben. Also zumindest nicht in der Realität. Das verbietet eindeutig der Freundschaftskodex. Aber heiß findet Jona Miri trotzdem – und zwar schon seit der ersten Begegnung. Das war vor vier Monaten, als sein Freund Martin Miri das erste Mal zu einer Feier mitgebracht hat. Da hat es Jona fast umgehauen. Weil Miri einfach ein Jackpot ist. Wunderschön, logo. Aber sie gehört vor allem zu diesen Frauen, die einen derben Witz reißen können und dabei immer noch hinreißend rüberkommen. Und sie ist so unglaublich und unfassbar heiß.

Und Miri mag Jona auch. Das merkt er, wenn sie mit ihm redet. Dann geht sie ganz oft auf Tuchfühlung mit ihm. Also jetzt nicht anzüglich. Aber es reicht, dass bei Jona das große Kopfkino startet. So wie letzte Nacht. Und Jonas Fantasien sind alles andere als FSK 12. Gegenüber Martin lässt er sich freilich nichts anmerken, fühlt sich auch schäbig, dass er seine Triebe im Kopf so wenig unter Kontrolle hat. Aber hey – die Gedanken sind doch frei. Das sagt ja auch dieses alte Volkslied. Oder vielleicht doch nicht? Nur, dass das klar ist: Jona malt sich den Sex ja nur aus. Er plant jetzt nicht, früher oder später tatsächlich bei der Freundin seines Kumpels zum Zug zu kommen …

So entscheidet der Freundeskreis

JA-Sager →
Ingo (27): Ich denke mal, das liegt in der Natur des Menschen, dass es dazu kommen könnte. Und das ist auf jeden Fall entschuldbar.
Paul (19): Was in meinem Kopf vorgeht, ist allein meine Sache, und damit komme ich schon moralisch klar.

NEIN-Sager ←
Carsten (22): Also, wenn mein bester Freund solche Fantasien über meine Freundin hätte, wäre ich schon sauer auf ihn. Und deshalb ist das auch ein totales Tabu für mich.

↔ JEIN-Sager

Anika (31): Hm, also, ich glaube, es würde schon am Gewissen nagen. Aber ganz ausschließen kann ich es auch nicht, dass es mal zu solchen Fantasien kommt.

Nadege (30): Ich halte das für ein Spiel mit dem Feuer. Zuerst sind das vielleicht nur Fantasien. Aber irgendwann willst du doch, dass es Wirklichkeit wird. Und dann ist der Stress vorprogrammiert.

Das sagt der Philosoph

Wenn man wissen will, was Menschen in früheren Zeiten getrieben haben, dann muss man sich nur anschauen, was ihnen verboten wurde. Klar, es macht keinen Sinn, etwas zu verbieten, was ohnehin keiner tut. Zum dauerhaftesten Verbotskatalog gehören die Zehn Gebote der Bibel, die sich eindeutig zu der anstehenden Frage äußern: »10. Gebot: Du sollst nicht begehren deines Nächsten Weib.« Das lässt wenig Spielraum für Diskussionen. Der Pfad der Tugend ist schon dann verlassen, wenn ich begehre – von der Umsetzung meiner Fantasien ganz zu schweigen! Schon das Begehren allein ist Sünde! Welchen Sinn mag ein solches Gebot haben? Kaum vorstellbar, dass das bisschen folgenloser Fantasie den alten Mann mit Bart über den Wolken zur Weißglut bringt. Natürlich könnte man sagen, dass das Christentum schon immer ganz groß darin war, die Dinge zu verbieten, die Spaß machen. Doch vielleicht verbirgt sich im zehnten Gebot auch ein wenig Weisheit über das menschliche Lebensglück, das bedroht ist, wenn es von unerfüllbaren Wünschen umgetrieben wird. Und auch ohne die Bibel haben wir eine Ahnung von der Bedrohlichkeit der sexuellen Wünsche. Schließlich haben wir vermutlich alle schon mal erlebt, wie verheerend es ist, wenn

Partnerschaften zerbrechen, weil ein Dritter ins Spiel gekommen ist. Vermutlich hätte Jona keine Bedenken, seine Vorstellungen in die Tat umzusetzen und Miri zu erobern, wenn sie nicht ausgerechnet die Partnerin seines besten Freundes wäre. Bleibt ihm also bloß die bittere Wahl zwischen sexueller Frustration und dem Verrat an der Freundschaft zu Martin?

In einer Songzeile von Tom Waits verbirgt sich eine dritte Variante, die philosophisch ausgesprochen herausfordernd ist: »You're innocent when you dream.« – Du bist unschuldig, solange du träumst. Wenn schon gilt: »Die Gedanken sind frei!«, dann soll das für die Fantasien nicht gelten? Für meine Gedanken bin ich schließlich voll verantwortlich, für meine erotischen Fantasien kann ich oft noch nicht einmal etwas, wenn sie an den Rändern des Schlafes oder in Tagträumen aufsteigen und mir verführerische Bilder zeigen. Gleichwohl bleibt mir die Wahl, mich diesen Fantasien genießerisch hinzugeben oder sie mit schlechtem Gewissen beiseitezuwischen.

Doch gibt es so etwas wie eine unschuldige sexuelle Fantasie, in der ich Dinge tue, die ich mir im realen Leben aus moralischen Gründen untersagen müsste? Vielleicht ist diese Frage durch einen Vergleich zu klären. Die Fantasie ist ja manchmal auch der Ort von Gewalt oder Tötungsvorstellungen, und zwar nicht nur bei Serienmördern, sondern vermutlich bei uns allen. Wenn wir z. B. stinksauer auf jemanden sind, weil er uns die Vorfahrt genommen hat, kann es sein, dass wir uns kurz ausmalen, wie es wäre, sein Auto zu rammen und in den Gegenverkehr zu schieben. Glücklicherweise führt diese bildliche Eingebung in den seltensten Fällen dazu, dass wir wirklich einen Unfall mit Tötungsabsicht begehen. Im Gegenteil: Die in der Fantasie genossene Machtausübung lässt uns befriedigt vom Gas gehen. Den kleinen Anflug von Scham, weil wir uns so etwas Böses ausgemalt haben, vertreiben wir vielleicht sogar mit einer großzügigen Äußerung: »Bitte, wenn du es so eilig hast, dann nimm mir doch die Vorfahrt! Da steh' ich doch drüber!«

D. h., die Fantasie drängt nicht zwangsläufig auf ihre Verwirklichung, sondern kann im Gegenteil sogar dazu führen, dass wir mit Situationen besser fertigwerden. Interessant ist in diesem Zusammenhang die Diskussion um Gewalt in Computerspielen. Einige Experten befürchten, dass der Konsum der Spiele aus virtuellen Killern reale Amokläufer macht, andere weisen dagegen darauf hin, dass schon der Philosoph Aristoteles (384–322 v. Chr.) gezeigt hat, dass der schauerliche Genuss von Gewalt im antiken Theater zu einer inneren Reinigung der Zuschauer führte. Welche Behauptung nun zutrifft, ist noch nicht ausdiskutiert. Aber wir können jetzt besser entscheiden, wann eine sexuelle Fantasie verwerflich ist. Wenn diese Bilder im wirklichen Leben Macht über uns gewinnen, sodass wir ihnen wie besessen nachhängen und ihre Verwirklichung betreiben, sollten wir uns Sorgen machen. Wenn sie allerdings in der Dämmerwelt des Traumes zurückbleiben, spricht nichts dagegen, selbst der Freundin des besten Freundes die Hauptrolle in meinem Seelenkino zu verleihen. Je weniger man allerdings darüber spricht, desto besser!

Darf ich wegen
Liebeskummer krankfeiern?

Das Herz rausgerissen, auf den Boden geschmissen, mit der
Walze langsam drübergerollt – so fühlt sich Steffi. Vorgestern
hat Thomas mit ihr Schluss gemacht. Vier Jahre waren sie ein
Paar. Und jetzt ist alles vorbei. Steffi versucht erst gar nicht
aufzustehen. Ihr laufen schon wieder die Tränen runter. Sie
stellt sich vor, wie sich die beiden
das letzte Mal geküsst haben. Sie
erinnert sich daran, dass ganz am
Anfang seine Lippen immer dabei
vor Aufregung gezittert haben. Wie
gerne hat sie ihn beobachtet, wenn
er gekocht hat, gelesen hat, sich
durch die Haare gefahren ist, wenn
er sich die Zähne geputzt hat – eigentlich immer. Sie erinnert sich

auch an die Streitereien und daran, wie oft er ihr wehgetan
hat. Weil er so ein emotionaler Eisklotz sein kann.

Aufhören, aufhören! Warum kann man den Kopf nicht ab-
stellen. Und das verdammte Herz, das so unerträglich brennt.
Auf alle Fälle bleibt sie heute den ganzen Tag im Bett liegen.
Steffi denkt darüber nach, wie lange es wohl dauern wird, bis
der Schmerz weniger wird. Weniger? Unvorstellbar. Im Augenblick möchte sie am liebsten sterben. Aber dafür fehlt ihr
auch die Energie. Also einfach liegen bleiben.

Spätestens morgen muss sich Steffi wieder aufraffen. Bei

der Arbeit interessiert es keinen, dass Thomas sie abgeschossen hat. Die denken sich wahrscheinlich alle, endlich ist das Thema durch. Das war das ganze letzte Jahr über ein einziger Krampf. Den Kolleginnen – selbst den netten – ist das Gejammer und die gefrustete Stimmung wahrscheinlich schon zu den Ohren rausgekommen. War ja auch eine echte Gefühlsachterbahn mit Thomas. Am schlimmsten war es, wenn er emotional so zugemacht hat. Und Steffi dann regelrecht darum gebettelt hat, dass sie sich wieder vertragen.

Unmöglich kann sie morgen zur Arbeit gehen. Steffi weiß ja noch nicht mal, wie sie den Tag überhaupt überleben soll. Wie soll sie denn da was Produktives leisten? Außerdem interessiert sie der ganze Mist bei der Arbeit gerade eh nicht. Alles blödes oberflächliches Gewäsch. Das kann sie sich nicht antun. Steffi beschließt, den Rest des Lebens im Bett zu bleiben.

Aber das geht ja auch nicht. Die Kollegen würden sich schön das Maul zerreißen, wenn sie nicht kommt. Und gerade ist das Team eh so knapp aufgestellt. Marcel ist krankgeschrieben, weil er sich das Bein gebrochen hat, und die neue Volontärin taugt nix. Aber ganz ehrlich: Marcel kann sich mit seinem kaputten Bein unmöglich beschissener fühlen als sie. Was ist schon ein kaputtes Bein gegen ein ermordetes Herz? Steffi kann sich nur schwer vorstellen, dass sich irgendwer auf der Welt so schlecht fühlt wie sie. Mit jedem würde sie derzeit tauschen. Und deshalb bleibt sie auch morgen im Bett. Liebeskummer ist nämlich wirklich die schlimmste Krankheit.

So entscheidet der Freundeskreis

JA-Sager →

Claudia (28): Wer schon mal Liebeskummer hatte, der weiß, wie furchtbar das ist. Und deshalb kann ich nur zu gut verstehen, wenn man da ein oder zwei Tage zu Hause bleibt. Das ist nur menschlich und sollte von den Kollegen akzeptiert werden. Ich finde es eh so schlimm, dass wir alle ständig funktionieren sollen. Wir sind doch keine Maschinen.

Uwe (30): Wenn du so mies drauf bist, kannst du doch eh nix leisten. Am Ende machst du nur Fehler. Da hat ja auch keiner was von. Finde ich schon okay, dass man sich da 'ne Auszeit nimmt.

NEIN-Sager ←

Sascha (19): Wenn du zu Hause bleibst, weil du Liebeskummer hast, bist du ein Kollegenschwein.

Jörn (27): Klar ist Liebeskummer doof. Aber so professionell sollte man schon sein, dass man sich da bei der Arbeit zusammenreißen kann. Ich finde nicht, dass Liebeskummer eine Entschuldigung ist, von der Arbeit wegzubleiben. Und manchen hilft es ja auch, wenn sie sich ablenken.

Inga (24): Ich habe so einen Kollegen, der ständig fehlt. Jedes Mal hat der 'ne neue Ausrede, warum er zu Hause bleibt. Und wir müssen seine Sachen mit erledigen. Ich reiße mich ja auch zusammen, wenn ich mal nicht gut drauf bin. Finde ich also echt daneben, wenn jemand wegen privater Dinge wie Liebeskummer krankfeiert.

Das sagt der Philosoph

Liebe kann Menschen verzaubern und sie zu erstaunlichen Dingen beflügeln. Der Philosoph Platon (428/427–348/347 v.Chr.) beschreibt in seinem berühmten Symposion (man darf übersetzen: ›Gastmahl‹ oder auch ›Saufgelage‹), welche grundlegende Bedeutung die Liebe für uns Menschen hat. Denn ursprünglich, so legt es Platon dem Komödiendichter Aristophanes (450/444–380 v.Chr.) in den Mund, seien die Menschen Doppelwesen gewesen – mit vier Beinen und Armen und zwei Köpfen –, die sich einbildeten, sie könnten die Götter vom Olymp stürzen. Zeus beschloss, dies zu verhindern, indem er die Menschen gewaltsam teilen ließ. Den Kopf drehte er ihnen um, damit sie den Schnitt sehen konnten und ihnen die mächtige Strafe vor Augen träte. Dann ließ er die Haut zusammenbinden und am Bauchnabel zunähen. Seit diesem Moment sind Menschen auf der Suche nach ihrer zweiten Hälfte, nach der einen Ergänzung, die sie wieder vollkommen macht. Sie stürzten sich zunächst auf jedes menschliche Geschöpf, das ihnen begegnete, und umklammerten es verzweifelt. Darüber vergaßen sie Hunger und Durst. Vermutlich wären die Menschen gestorben, wenn Zeus ihnen daraufhin nicht die Geschlechtsteile nach vorne verlagert hätte. So erlangten sie in der Vereinigung wenigstens eine kleine Befriedigung, die es ihnen ermöglichte, für den Moment die große Sehnsucht zu vergessen und ihrem Lebensgeschäft nachzugehen. Wie aber findet man seine verlorene Hälfte wieder? Es ist der Gott Eros, der die Bruchstücke zusammenfügt. Denn erst, wenn die Menschen ihr Gegenstück gefunden haben, empfinden sie wahre Liebe, das Gefühl, angekommen zu sein bei dem ursprünglichen Selbst, bei einer Einheit, die dem Vereinzeltsein vorausliegt.

Natürlich ist seit dem ›Symposion‹ viel Wasser den Rhein

hinuntergeflossen, doch die beglückende Vereinigung in der Liebe und das grausame Amputationsgefühl nach einer Trennung ist auch uns noch bekannt. Echter Liebeskummer ist mehr als nur ein Gefühl, er ist Ausdruck einer Wesensverletzung! Es geht uns wie dem elenden Geschöpf, das angesichts der Entzweiung Essen und Trinken vernachlässigt, ja sogar zu sterben droht. Und auch, wenn der Liebeskummer in den Lehrbüchern der Medizin wohl nicht als gravierende Krankheit geführt wird, ist nicht nur dem Betroffenen klar, dass der Verlust des Partners eine Kränkung bedeutet, die seelische und körperliche Symptome hervorruft. Gerade weil es sich um eine Grenzsituation in unserem Leben handelt, ist es legitim, auch eine formale Krankschreibung in Erwägung zu ziehen. Das Urteilsvermögen, die Konzentration, die Belastbarkeit, die Reaktionsfähigkeit sind beeinträchtigt, sodass man umgekehrt fragen muss, ob es überhaupt zu rechtfertigen wäre, wenn man zur Arbeit ginge. Wer kann sich vorstellen, von einem Chirurgen mit akutem Liebeskummer am Herzen operiert zu werden?

Wen nun nicht dem Arbeitgeber, sondern den Kollegen gegenüber das Gewissen quält, sollte sich vor Augen führen, dass es sicher Möglichkeiten gibt, sich nach der Genesung durch Einsatz und Fleiß zu revanchieren. Existenzielle Lebensereignisse haben uneingeschränkt Vorrang vor beruflichen Verpflichtungen, denn wir sind in erster Linie Mensch und dann erst Arbeitskraft. Eine Gesellschaft, die diesen Grundsatz bestreitet, ist zutiefst inhuman. Wer sich allerdings auf dieses Prinzip beruft, sollte sich im Klaren sein, dass ein Missbrauch zum eigenen Vorteil nicht nur betrügerisch ist, sondern auch das Prinzip selbst zu beschädigen droht. Wer den Liebeskummer nur als Vorwand für seine Faulheit nutzt, setzt damit alle tatsächlich verzweifelt Liebenden dem Verdacht aus, sie wären auch nur Drückeberger. Der letzte Richter in diesen Fragen kann nur das eigene Gewissen sein!

Muss ich aus Solidarität den Partner meiner Freundin blöd finden, weil sie auf ihn sauer ist?

Johanna ist verwirrt. Eigentlich wollte sie doch nur die Wogen glätten. Schließlich kommt es immer wieder mal vor, dass sich Paare in die Wolle kriegen. Er sagt dies, sie sagt das, beide verstehen sich mehr oder weniger absichtlich falsch – und Bang. Dann fliegen die Fetzen, unter Umständen kullern auch ein paar Tränen, und üblicherweise ist das Thema nach zwei bis drei Tagen wieder abgehakt.

Um den Streit etwas kürzer zu halten, hat Johanna ihrer Freundin Nadine gut zugeredet. Sprich: Sie hat versucht, Nadine Marcs Sicht der Dinge zu erklären. Schließlich kennt Johanna Marc auch ein bisschen. Marc ist nämlich schon seit zwei Jahren Nadines Freund, und die beiden sind wirklich ein süßes Paar. Wenn sie nicht streiten!

Na ja, auf alle Fälle ist Johannas Schlichtungsversuch kräftig in die Hose gegangen. Grund der Aufregung war ein verpatztes Geburtstagsgeschenk von Marc. Aus Nadines Sicht verpatzt. Johanna fand das Geschenk gar nicht mal so doof. Schließlich ist Marc doch Marc, und da ist auch nicht viel mehr zu erwarten. Marc ist nun mal nicht das stürmisch leidenschaftliche Rennpferd, sondern eher der gemütliche Ackergaul: zuverlässig, treu, beständig. Und diesem Temperament entsprechend hat er auch Nadines Geburtstagsgeschenk ausgesucht.

»Was ist so schlimm an einem Radiowecker? Ist doch süß,

dass der dich mit Gute-Laune-Musik besser in den Tag bringen soll. Schließlich kann es deine Laune auch echt gut vertragen, mein Schatz. Da hat sich Marc doch richtig was einfallen lassen.«

Die Aufmunterungsversuche hätte Johanna besser für sich behalten. Denn jetzt geht die Schimpftirade von Nadine erst richtig los: »Was soll ich denn mit so einem doofen Wecker? Ich habe doch schon einen. Weißt du, was meine Nachbarin von ihrem Freund geschenkt bekommen hat? Eine Übernachtung in einem Heuhotel. Das ist romantisch.«

Johanna: »Wer will denn im Heu pennen? Das klingt vielleicht romantisch. Aber im Grunde stechen einem die Halme doch die ganze Nacht in den Hintern. Du glaubst doch nicht, dass bei denen da was geht! Aber mal abgesehen davon ist Marc einfach nicht der Typ, der dich in ein Heuhotel entführt. Er ist halt eher einer von den Pragmatischen. Aber das liebst du doch auch an ihm.«

So geht das Gespräch noch eine Weile hin und her, aber Nadine bleibt standhaft gereizt. Mehr noch, ihre miese Stimmung richtet sich immer mehr gegen Johanna.

Und jetzt ist es Johanna, der die Lust vergeht: »Meine Güte, es ist doch nur ein blödes Geschenk. Was bist du denn so patzig?«

»Ich hätte mir einfach ein bisschen mehr Solidarität von dir gewünscht«, kontert Nadine. »Schließlich bist du *meine* Freundin und nicht die von Marc. Und da fände ich es schon schön, wenn du zumindest versuchst, mich zu verstehen!«

Nach dem Telefonat kommt Johanna ins Grübeln. Wenn sie auf ihren Freund wütend ist, freut sie sich immer, wenn einer seine Partei ergreift und versucht, Johanna milde zu stimmen. Denn eigentlich will sie ja gar nicht sauer sein und ist froh, wenn sie schnallt, dass das Ganze gar nicht so schlimm war. Aber Nadine scheint wirklich enttäuscht von ihr zu sein.

Hätte sie aus freundschaftlicher Solidarität also Marc auch ätzend finden müssen?

So entscheidet der Freundeskreis

→ **JA-Sager**

Lutz (33): Ich tendiere schon dazu, meinem Kumpel recht zu geben. Schließlich ist er mein Freund. Und wenn seine Freundin unfair zu ihm war, finde ich das auch daneben.

Hanna (17): Wenn ich auf meinen Freund sauer bin, möchte ich Unterstützung von meinen Freundinnen. Und deshalb bin ich natürlich auch ihrer Meinung, wenn sie sauer sind. Ich finde, das gehört sich unter guten Freundinnen so.

← **NEIN-Sager**

Hans (22): Nee. Was ist denn das für eine Moral? Dann darf ich ja gar nicht mehr meine eigene Meinung äußern, sondern muss jemandem nach dem Mund reden.

Eva (19): Ich kann mögen, wen ich mag. Ich muss es meiner Freundin nur nicht dauernd vorhalten, dass ich ihn nett finde, obwohl sie ihn gerade nicht mag.

Märte (28): Wenn mir der Partner nix getan hat, wettere ich doch nicht gegen den. Und wenn es 'ne wirkliche Freundin ist, dann hat sie das auch zu akzeptieren, dass ich nicht mit böse bin.

↔ **JEIN-Sager**

Angie (32): Aus Erfahrung würde ich mich neutral verhalten. Sagen wir es mal so. Wenn die beiden sich nämlich wieder vertragen, bin ich am Ende diejenige, die auf ihn geschimpft hat. Da habe ich auch keinen Bock drauf.

Das sagt der Philosoph

Wenn uns Freunde in Beziehungsdingen ins Vertrauen ziehen, kann es passieren, dass wir den Sinn der Situation verkennen. Die Freundin, die sich über ihren Partner ärgert, möchte sich mal so richtig Luft verschaffen, indem sie alles, was sie stört, ungeschützt rauslässt. Es kann so entlastend sein, wenn man mal die kleinen Dinge, die keinen Partnerschaftsstreit wert sind und einen trotzdem zur Weißglut bringen können, bei einer Freundin loswerden kann. Oft ist es schon heilsam, seiner Wut mal freien Lauf zu lassen. Wie missverstanden fühlt man sich dann von der Freundin, die mit so etwas Lästigem wie der Wahrheit um die Ecke kommt, die von einem verlangt, sein Urteil ausgewogener zu fällen oder gar nach der eigenen Schuld zu suchen! Verlangt ist vielmehr ein solidarisches Beipflichten, ein tiefes Mitgefühl für die Wut und schließlich die inbrünstige Missbilligung des unsäglichen Verhaltens des anderen – selbst wenn sich die Vorwürfe bei klarem Verstand nicht halten lassen. Hier geht es offensichtlich um einen Beziehungskonflikt und nicht um die Klärung eines Sachverhaltes.

Als unfreiwilliger Zeuge und befangener Richter bin ich hier in einer Zwickmühle. Auf der einen Seite verlangt meine Freundin, dass ich aus Solidarität eine Weile mit ihr Theater spiele, auf der anderen Seite fragt mein Gewissen, wie ich es denn mit der Unterscheidung von Wahrheit und Lüge halte. Hobbytherapeuten haben für diesen Fall den Trick mit den Ich-Botschaften in ihrem Kommunikationsköfferchen: »Mich macht es total betroffen, dass du es so empfindest, dass dein Partner dich überhaupt nicht wertschätzt.« (Der Satz sollte in einem sozialpädagogischem Tonfall gesprochen werden. Wem das nicht gelingt, der kann es ersatzweise mit einer Udo-Lindenberg-Imitation probieren.) Das Problem der

Wahrheit löst sich sofort in Luft auf, wenn man nicht mehr über Sachverhalte, sondern über Empfindungen und Empfindlichkeiten spricht. Das ist ausgesprochen praktisch, weil dann jeder in der Blase seiner Empfindungen sitzt und völlig widersprüchliche Einschätzungen nebeneinander existieren können.

Dem Philosophen verbietet sich dieser Ausweg. Er hat gelernt, dass Wahrheit keine Privatangelegenheit ist und dass sie sich mit dem Widerspruch überhaupt nicht verträgt. Wenn sich zwei Aussagen widersprechen, kann höchstens eine von beiden wahr sein, vielleicht sind sogar beide falsch. Die Psychomasche ist aber nicht nur in Sachen Wahrheit eine Mogelpackung, sondern auch eine Beleidigung der Freundschaft, denn Nadine möchte gar nicht therapeutisch in die Empfindungsblase gestopft werden, sondern will ihr Unbehagen über einen tatsächlichen Beziehungssachverhalt mit der Freundin teilen! Was bleibt aber als Lösung für den Gewissenskonflikt, wenn man nicht den Seelenklempner raushängen lassen will? Der Freundin nach dem Mund reden? Standhaft bleiben? Vielleicht ist schon viel gewonnen, wenn man der Freundin zuhört, sie in diesem Moment ernst nimmt und ihren Blickwinkel teilt. Zu übertriebenen Aussagen sollte man sich nicht hinreißen lassen, denn die stehen auch dann noch im Raum, wenn die Freundin sich längst wieder beruhigt hat. Mit ein wenig Gespür für den Augenblick kann man abschätzen, wann es an der Zeit ist, die nötige Gerechtigkeit einkehren zu lassen. Vermutlich wird sie ohnehin bald von selbst zur Vernunft kommen. Gemeinsam kann man dann schauen, wie berechtigt die Wut war und welche Konsequenzen zu ziehen sind. Entscheidend ist aber, dass aus der Freundschaft kein Zwang abzuleiten ist, Personen nach Bedarf zu mögen oder zu verabscheuen. Dies bleibt jedem selbst überlassen.

Darf ich mit dem Exfreund meiner besten Freundin zusammenkommen?

So was passiert doch nur im Film. Oder in einer schlechten Seifenoper. Da passiert es dann allerdings so oft, dass sich das Gefühl aufdrängt, das Beziehungsgeflecht der Beteiligten sei ein in sich geschlossenes System. Immerhin, es entbehrt nicht eines gewissen Unterhaltungswertes, so viel steht fest. Blöderweise passiert so was aber auch im wahren Leben, da allerdings meist ohne romantisches Streichkonzert und Hoffnung auf ein Happy End für alle. Mal ganz davon abgesehen, dass die Betroffenen aufgrund der eigenen emotionalen Verwirrung gut auf den Unterhaltungswert ihrer Geschichte verzichten können.

Eine der Kandidatinnen, mit der das Schicksal seine gemeinen Spielchen treibt, ist Gesa. Wenn Gesa ehrlich ist, hat sie schon immer eine besondere Nähe zu Thomas gespürt. Nicht, dass sie dem Bedeutung beigemessen hätte. Thomas war schließlich mit Nadja zusammen, ihrer besten Freundin. Aber jetzt sind Thomas und Nadja schon eine ganze Weile getrennt. Um genau zu sein: sechs Monate. Und gestern ist passiert, was nie hätte passieren dürfen. Wie, das weiß Gesa gerade auch nicht mehr so genau. Im Moment sitzt sie auf dem Bett und versucht ihr Gefühlschaos zu sortieren. Dabei weicht das breite Grinsen der verliebten Glückseligkeit in unregelmäßigen Abständen der Hitze des schlechten Gewissens, gefolgt vom jämmerlichen Gesichtsausdruck der Selbstverachtung.

Lassen wir Gesa eine Weile da sitzen und rollen den Fall einmal langsam auf: Als Gesa gestern Abend – ausnahmsweise mal ohne Nadja – unterwegs ist, läuft sie prompt Thomas in die Arme. Sie nehmen zwei Cocktails, stellen sich an den Rand der Tanzfläche und unterhalten sich. Ganz harmlos eigentlich. Im Verlaufe des Abends lässt sich allerdings beobachten, wie ihre Augen plötzlich zu leuchten anfangen, während sie wie gebannt an seinen Lippen hängt. Und wie er sich regelrecht ein Bein ausreißt, um sie immer wieder so zum Lachen zu bringen, dass sich eine Berührung nicht vermeiden lässt. Irgendwann hängen dann irgendwie nicht mehr nur Gesas Augen an Thomas Lippen. Wie Gesa nach Hause gekommen ist, weiß sie nicht mehr so recht. Und daran ist keineswegs der Alkohol schuld. Es war wohl eher so, dass ihre Füße kaum den Boden berührt haben, als sie verliebt nach Hause geschwebt ist.

Heute Morgen wartet dann Gesas Handy schon mit einer SMS: »Danke für den tollen Abend. Sehen wir uns wieder?« In einem guten Comic würden jetzt Herzchen oder Vögelchen oder Blümchen oder alles zusammen um Gesa herum explodieren. Puls 180, leichter Schwindel, dämliches Dauergrinsen – Diagnose: hochgradig verknallt! Im gleichen Comic würde nur Sekunden später Nadja mit einer Schrotflinte auf der Matte stehen und Herzchen, Blümchen und Vögelchen zu Staub pulverisieren.

Eine ähnlich ernüchternde Wirkung zeigt übrigens auch das Gebimmel von Gesas Handy just in diesem Augenblick. »Nadja ruft an«, steht auf dem Display. Gesa wird heiß und kalt und kalt und heiß. Sie weiß es! Ist ihr erster Gedanke. Nadja weiß alles und wird mich jetzt am Telefon zu Kleinholz verarbeiten. Gesa wird ganz schlecht. Ich kann da jetzt nicht rangehen. Mit einem Ruck reißt sich Gesa die Bettdecke über den Kopf. Und jetzt? Was jetzt? Was, wenn sie es weiß? Was, wenn sie es nicht weiß? Ich bin ein schlechter Mensch, ein schlechter Mensch, ein schlechter Mensch … Die innerlichen Hasstiraden beginnen von Neuem.

»Drecksding!«, brüllt sie und schmeißt das Handy in die Ecke. Oh nein! »Verdammt!« Da ist doch noch die SMS von Thomas drin! Mit einem Satz springt Gesa vom Bett und stürzt in die Ecke. Mit tattrigen Fingern versucht sie ihr Handy wieder in Gang zu bringen. Einschalten, abwarten – ausatmen, alles heile geblieben. Und da ist sie auch noch: die SMS von Thomas. Gesas Gesichtszüge entspannen sich. Verliebt liest sie wieder und wieder diese wenigen Zeilen von Thomas. Zumindest so lange, bis sich oben rechts das Symbol für »Anruf in Abwesenheit« wie ein Warnschild in ihr Blickfeld drängt. Zack, und schon ist das debile Grinsen wieder verschwunden – hello again, flaue Magengegend. Warum muss so was ausgerechnet mir passieren, denkt Gesa, und schon kullern die ersten Tränen.

Armes Ding, mag man sich denken. Aber schon stehen die ersten Fragen im Raum: Ist die Trennung von Nadja und Thomas schon lange genug her? Haben sie sich im Guten getrennt oder im Schlechten? Welche Rolle hat Gesa bei der Trennung gespielt? Und: Ist im Krieg und in der Liebe nicht alles erlaubt?

So entscheidet der Freundeskreis:

JA-Sager →
Sandra (25): Ja, weil es der Exfreund ist. Weil nichts dagegenspricht.

NEIN-Sager ←
Moritz (19): Also ich fände es scheiße, glaub ich.

Lizzie (23): Nein! Das macht irgendwie die Freundschaft ein bisschen kaputt.

Arne (29): Ich hatte den Fall und habe es im Nachhinein bereut, dass ich es gemacht habe. Auch wenn mein Freund gesagt hat, es sei okay. Aber ich würde es aus heutiger Sicht nicht mehr machen.

Isabel: (27): Das ist einfach moralisch verwerflich. Das kann man nicht machen. Exfreunde von Freunden sind tabu.

↔ JEIN-Sager

Judith (30): Für mich würde es darauf ankommen, warum die sich getrennt haben.

Matz (22): Wenn vielleicht auch ein gewisser zeitlicher Abstand dazwischen ist. Vielleicht nicht 'ne Woche später oder so.

Das sagt der Philosoph

Die griechische Philosophie unterscheidet die Formen der Liebe in Eros, Philia und Agape. Eros steht für die geschlechtliche Liebe, Philia für die Freundschaft und Agape für die rein geistigen Formen der Liebe. Was sprachlich relativ sauber zu sortieren ist, führt im Leben zu erheblichen Konflikten, die seit dem antiken Theater bis zu Hollywood den Stoff für Komödien und Tragödien liefern. Schon unter zwei Menschen kommt es oft zu Verwirrungen, wenn bei einem das erotische Begehren vorherrscht, während der andere eher freundschaftliche Gefühle empfindet. Als Hinweis am Rande: Auch die sogenannte platonische Liebe hat durchaus eine sexuelle Dimension. Nur damit Sie bei Bedarf wissen, worauf Sie sich einlassen!

Richtig aufregend werden Beziehungskonstellationen,

wenn es – wie im geschilderten Beispiel – drei Beteiligte gibt: Darf ich mit dem Exfreund meiner besten Freundin zusammenkommen? Bedeutet das erotische Verhältnis mit dem Ex einen Verrat an der Freundschaft? Ist es nicht egoistisch, meine Bedürfnisse über die Loyalität gegenüber der besten Freundin zu stellen? Natürlich muss dies nicht zwangsläufig zu Konflikten führen. Man könnte sich ja vorstellen, dass sich die beiden einvernehmlich getrennt haben, dass an die Stelle des Eros die Philia getreten ist, und schließlich, dass die beste Freundin sich sogar freut, wenn eine neue Liebe entsteht. Mag sein, dass die Dinge diese Wendung nehmen – in vielen Fällen ist es leider viel komplizierter. Der Ex ist nicht einfach weiterzureichen wie ein beliebiger Gebrauchsgegenstand, bei dem es keine Rolle spielt, wer ihn gerade benutzt oder vorher benutzt hat. Auch nach der Trennung bleibt die gemeinsame Beziehungszeit ein seelisches Faktum für beide. Oft gibt es emotionale Rechnungen, die noch nicht beglichen sind, Kränkungen, unerfüllte Hoffnungen, Trauer und Schuldgefühle. Eine gute Freundin kann bei der Bewältigung dieses Ereignisses eine große Hilfe sein. Mehr noch: Wir empfinden es als Freundespflicht, jemandem nach einer Trennung beizustehen. Doch geht diese Pflicht so weit, dass ich keine Beziehung zu dem Exfreund eingehen darf?

Zunächst einmal ist eine wichtige Unterscheidung zu treffen: Dass ich für jemanden Liebe empfinde, ist nicht das Ergebnis einer Entscheidung, sondern ein unverfügbares Ereignis, das mich trifft, wie der berühmte Pfeil Amors. Insofern ist das bloße Faktum des Verliebens moralisch betrachtet jenseits von Gut und Böse. Aber die Begierde nach dem Ex erschüttert die Beziehung zu meiner Freundin und stellt die Fortdauer der Freundschaft in Frage. Doch bedeutet das zwangsläufig, dass die Freundschaft unter der Liebe zum Ex leiden muss? Vielleicht zeigt ein Perspektivenwechsel Lösungsansätze auf, denn auch meine Freundin erlebt ja einen Konflikt: Als gute Freundin sollte sie schließlich auch ein Interesse an meinem Glück haben. Sie sollte realistischerweise einsehen, dass ihre Beziehung gescheitert ist. Schon im Interesse ihrer eigenen seelischen Ausgeglichenheit wäre es besser, wenn sie ihren Frieden mit der Trennung machen würde.

Mit einem Wort: Die Rücksichtnahme in der Freundschaft ist keine Einbahnstraße, und wenn es sich um eine wirklich gute Freundschaft handelt und man sensibel miteinander umgeht, dürfte es möglich sein, alte Freundschaft und neue Liebe unter einen Hut zu bringen. Moralisch spricht also nichts gegen eine Verbindung mit dem Ex, vorausgesetzt, dass alle sich über ihre Gefühle im Klaren sind und respektvoll miteinander umgehen.

Ist es okay, Sexdetails über den Partner zu verraten?

Mit einem lauten »Plopp« fliegt der nächste Korken – im Bruchteil einer Sekunde reißen Merle und ihre Freundinnen ihre Sektkelche klirrend in die Höhe. Mädelsabend, herrlich, mit allem, was dazugehört. Das schließt natürlich diverse Männergeschichten mit ein. Zum Beispiel die von Susanne, die sich erst neulich bei einem ihrer Lover ausgesperrt hat – in Unterwäsche. Und die dann beim kauzigen Hausmeister klingeln musste, um wieder in die Wohnung zu kommen. Der war natürlich hocherfreut, die leicht bekleidete Mittzwanzigerin zu sehen: »Und dabei hatte ich noch nicht mal passende Unterwäsche an. Ich hab gestottert wie ein Schulmädchen, und der alte Hausmeister ist abwechselnd rot und weiß geworden.« Merle wäre fast erstickt vor Lachen. Solche Storys konnten aber auch nur Suse passieren.

Auch Anja gibt ihre neuesten Abenteuer freimütig zum Besten: »Ich hab mir total Mühe gegeben. Kerzenschein, Drei-Gänge-Menü und zum Nachtisch wollte ich mich stilvoll vernaschen lassen. Also bin ich nicht in die Küche, sondern ins Schlafzimmer, hab mir was Hübsches angezogen, und als ich wiederkomme, liegt Gerd da und pennt, der alte

Schnarchsack!« Anja – inzwischen – gespielte Entrüstung setzt dem Ganzen die Krone auf. Die Mädels haben jedenfalls einen Heidenspaß, schließlich kennen sie Gerd, und die Vorstellung, wie Anja sich in schicke Dessous wirft und den schnarchenden Gerd auf dem Sofa vorfindet, ist dann doch zu komisch.

Wo die Stimmung schon mal so gut ist, lässt sich auch Mieke nicht lumpen. Die allerdings steigt direkt ein bisschen tiefer in die Materie ein und berichtet ausführlich über die Bettpannen mit ihrem Exfreund. Die Stimmung ist auf dem Siedepunkt. Und die nächste Sektflasche macht die Runde.

Jetzt ist die Reihe an Merle. Für gewöhnlich ist sie der Fels in der Brandung, eine, die nichts so leicht erschüttert und die auch über einen schmutzigen Herrenwitz herzhaft lachen kann. Aber Intimitäten aus ihrem Sexleben zur allgemeinen Erheiterung in die Runde zu werfen, das ist ihr dann doch ein wenig suspekt. »Scheiße«, denkt sie, »jetzt kneifen geht gar nicht.« Aber intime Details über ihre heißen und weniger heißen Nächte mit Kai auspacken?

So entscheidet der Freundeskreis:

→ **JA-Sager**
Jana (22): Meinen besten Freundinnen würde ich das auf jeden Fall erzählen. Weil ich finde, man muss über alles auch mal offen sprechen können.
Tim (23): Klar. Da sagt man schon mal, was man macht. Oder was für Praktiken.

NEIN-Sager

Marc (25): Nee, das geht nur meine Freundin und mich was an.

Jule (19): Das sind eben intime Sachen, und das soll auch so bleiben. Ich finde also nicht, dass man darüber reden sollte.

Jason (21): Der Genießer schweigt!

JEIN-Sager

Jorun (27): Ich sag mal so: unter meinen besten Freunden, männlich, schon! Allen anderen nicht.

Marie (28): Wenn es schöne Erlebnisse sind, dann ist das total okay. Bei Bettpannen würd ich auf jeden Fall den Namen weglassen.

Das sagt der Philosoph

Auch wenn wir es vermutlich ungern zugeben: Natürlich interessieren wir uns für den Sex unserer Nachbarn und Freunde. Selbst der französische Philosoph Jacques Derrida (1930–2004) antwortete auf die Frage, was ihn denn in einem Film über die großen Denker Hegel und Heidegger am meisten interessieren würde, knapp und sicher nicht frei von Ironie: »La vie sexuelle!« – das Sexualleben! Doch so genüsslich wir uns an den intimen Details der anderen weiden, so verletzlich sind wir, wenn wir selbst einmal Thema einer feuchtfröhlichen Klatschrunde werden. Niemand möchte, dass seine Missgeschicke, körperlichen Unzulänglichkeiten oder charakterlichen Schwächen der Lächerlichkeit preisgegeben werden, schon gar nicht, wenn es um den intimen Bereich der Sexualität geht. Daran haben auch die »sexuelle Revolution« der 68er und das voyeuristische Privatfernsehen der 90er nichts geändert, was vielleicht gar nicht mal so verkehrt ist …

Wie aber soll sich Merle nun entscheiden? Einerseits ist sie unter Zugzwang, selbst etwas beizusteuern, nachdem sie ohne eine Spur schlechten Gewissens die schlüpfrigen Geschichten der anderen verfolgt hat. Andererseits darf sie Kai nicht kränken, dessen Vertrauen sie uneingeschränkt genießt.

Grundsätzlich darf niemand seinen Partner bloßstellen, indem er sein Sexualleben ohne dessen Zustimmung zum unterhaltsamen Gesprächsstoff darbietet. Dies gilt nicht nur deshalb, weil man selbst Nachteile befürchten müsste, z. B., dass das ›Opfer‹ davon erfährt und die Beziehung darunter leidet. Der Schutz der Intimsphäre des Partners ist geboten, weil die Indiskretionen seine Würde beschädigen würden. Ist nicht schon die Vorstellung unerträglich, dass in den Köpfen von Merles Freundinnen bei der nächsten Begegnung mit Kai ein Film abläuft, für den Kai sich in Grund und Boden schämen würde, wenn er davon wüsste?

Trotzdem muss Merle nun nicht als moralisierender Spielverderber auftreten. Sie kann möglicherweise etwas beisteuern, ohne das strenge und prüde Prinzip zu brechen oder Kais Vertrauen zu zerstören, indem sie die vermutliche Zustimmung Kais in Gedanken überprüft. D. h. sie erzählt charmante Pikanterien und Peinlichkeiten in einer Weise, dass auch er mit den anderen lachen könnte. Prüfstein ist also die Frage: Würde ich dieselbe Geschichte in derselben Form auch erzählen, wenn der Partner dabei wäre? Sofern ich diese Frage mit Ja beantworten kann, spricht nichts gegen ein paar lustige Episoden aus dem Nähkästchen. Vorausgesetzt ist dabei ein Freundeskreis, der das Opfer nicht mit Spott und Häme überschüttet, sondern mit Humor der Peinlichkeit das Gewicht nimmt. Schließlich ist niemand frei von Scham und dem Gefühl, unvollkommen zu sein. Wie befreiend kann es da sein, am Missgeschick der anderen auch über die eigene Unzulänglichkeit zu lachen. Nichts anderes sollte man von Freunden erwarten!

Darf ich Karneval bzw. Fasching ausnahmsweise fremdknutschen?

51 Wochen im Jahr ist Tobi eher der schüchterne Nerd. Aber wenn er an Karneval sein Superheldenkostüm überstreift, dann sieht er nicht nur aus wie Batman, er IST Batman. Und das spüren auch die Wildkatzen, Teufelchen und Krankenschwestern.

Logisch, dass sich Tobis neues ICH dann auch austoben will. Kölner Karneval bedeutet Ausnahmezustand. Auch für Tobi, der nicht mal aus Köln, sondern aus Stuttgart kommt.

Seine Freundin Anke hat bei dieser Mission nix verloren. Karneval ist für Tobi Männersache. Und deshalb ist er auch dieses Jahr wieder mit zwei Kumpels am Start. Anke würde bei aller Liebe sein zweites geheimes Ich auch gar nicht verstehen. Sie kennt ihn ja nur als süßen Schnuckel, der keiner Fliege was zuleide tun kann. Das ist er ehrlich gesagt auch – zumindest 51 Wochen im Jahr. Aber diese eine besondere Woche gönnt er auch seiner dunklen Seite den nötigen Freiraum.

Wie die dunkle Seite aussieht? Sie strotzt voller Selbstbewusstsein, Rauflust, Trinkfestigkeit, Stimmstärke beim Gesang. Sie beflügelt Tobis animalische Seite. Und sie besitzt einen verwegenen Charme, der nur an Karneval zum Vorschein kommt. So richtig kann sich Tobi dieses Phänomen auch nicht erklären. Normalerweise ist er total unsicher, wenn er Frauen kennenlernt. Mit Anke war es auch nicht anders. Da hat er sich anfangs schön einen abgestammelt. Gott sei Dank hat Anke irgendwann die Initiative ergriffen. Sonst wäre er immer noch ein stammelnder Single.

Aber jetzt an Karneval ist er weder ein stammelnder Single noch ein Anke liebender Tobi – er ist Batman. Und Batman fühlt sich gut. Er darf und kann alles machen, wozu ihm sonst der Mut fehlt. Und besonders kickt es ihn, mit hübschen Frauen zu flirten. Den Engel mit dem tiefen Ausschnitt würde er als »Tobi« niemals anquatschen. Als Batman reichen ein Grinsen und ein Schnaps und sie ist ihm verfallen. Und Batman merkt, wie ihn seine Freunde anerkennend beobachten, wie sich der blonde Engel immer mehr in Szene setzt, wie er selbst zu absoluter Hochform aufläuft.

Und nein, es ist nicht Tobi, der hemmungslos mit dem namenlosen Engel rumknutscht! Es ist sein zweites ungezügeltes wildes Ich. Keinen Gedanken verliert er an Anke. Heute Abend nicht und auch morgen Abend nicht, wenn er sich mit der verruchten Piratenbraut in den Armen liegt. Schließlich ist Karneval. Karneval ist Ausnahmezustand. Und im Ausnahmezustand ist alles erlaubt. Stimmt doch, oder?

So entscheidet der Freundeskreis

→ JA-Sager

Sonja (32): Heißt ja wahrscheinlich: so richtig. Also nicht nur so Bützchen. Weil das darf man ja auf jeden Fall. Eigentlich finde ich schon! Karneval ist doch die Zeit der Jecken. Da ist alles erlaubt.

Anna (18): Wenn das abgemacht ist und beide das wirklich gut finden, dann ja. Wieso nicht? Aber ich persönlich bin nicht der Typ dafür.

Sören (26): Ich lege es jetzt nicht zwingend darauf an. Aber wenn es passiert – und passiert ist es schon das ein oder andere Mal –, dann hab ich auch kein schlechtes Gewissen dabei.

NEIN-Sager ←

Arno (35): Ich bin der Meinung, dass man es nicht machen sollte. Also warum soll Karneval einen mehr befreien als irgendetwas anderes? Ich verstehe dieses Fest sowieso nicht.

Helena (25): Ich bin gegen das Knutschen an Karneval wegen Ausschlag und Herpes.

Thomas (28): Ich habe keinen Bock, meine Freundin an Fasching mit einem anderen zu erwischen. Und deshalb halte ich mich auch zurück. Weil Fasching hin oder her – für die Beziehung ist es allemal bitter, wenn es rauskommt.

Das sagt der Philosoph

Außenstehende behaupten oft, es sei ihnen ein Rätsel, wie es den Menschen in den Karnevalshochburgen nur gelingt, auf Knopfdruck fröhlich zu sein. Dabei verkennen sie den mächtigen Sog einer Atmosphäre der Ausgelassenheit, der eine ganze Stadt verwandeln kann. Im Karneval werden spielerisch die geltenden Ordnungen außer Kraft gesetzt. Narren unterlaufen die politische Ordnung, indem sie das Rathaus stürmen und das Regiment übernehmen. Bunte Uniformen und Fantasierituale parodieren das Militär, und aus der Kanone kommen keine Kugeln, sondern Kamelle (Kölsch für Bonbons) geflogen. Menschen verkleiden sich, entschlüpfen ihrem wohlgeordneten Leben und geben sich einem kollektiven Rausch hin. Nicht umsonst spricht man von der fünften Jahreszeit, die in keinem Kalender zu finden ist.

All das ist ein Albtraum für den Moralisten, der die Ordnungen der Sittlichkeit mit Recht gefährdet sieht. Denn natürlich kommt es auch zu sexuellen Ausschweifungen und hässlichen Szenen mit Gewaltausbrüchen. Aus der Perspektive einer Philosophie des Menschen handelt es sich zunächst einmal um ein bemerkenswertes Phänomen: Die Welt wird zum Maskenball, die Zwänge des wirklichen Lebens werden abgeschüttelt, und man taucht ein in ein großes Spiel jenseits von Gut und Böse. Dabei wird ein Prinzip scheinbar aufgekündigt, von dem die Moralität lebt, das Prinzip der Identität.

Ich kann nur denjenigen zur Rechenschaft ziehen, der eine Tat auch begangen hat. Vor Gericht gibt es so etwas wie eine Einschränkungen der Schuldfähigkeit etwa bei Persönlichkeitsspaltungen und Unzurechnungsfähigkeit. Ähnliches gilt für das Maskenspiel des Karnevals: Sobald ich in ein Kostüm schlüpfe, verwandele ich mich in eine Figur, so wie der Schauspieler, der die Bühne betritt. Alles, was ab da geschieht, ist Teil des unheimlichen und gefährlichen Spiels, das uns die Höhen und Tiefen unserer Existenz deutlich vor Augen führt, weil die gesellschaftlichen Leitplanken in diesem Moment abgebaut sind. In Analogie zum Theater gesprochen bleibt im Idealfall der Kuss auf der Bühne zurück, wenn der Vorhang wieder fällt, und alle kehren in ihr wirkliches Leben innerhalb der Leitplanken zurück. Die kölsche Nubbelverbrennung in der Nacht vor dem Aschermittwoch gestaltet rituell den Übergang in den Alltag: Die Strohpuppe nimmt symbolisch alle Schuld des Karnevals auf sich, wenn sie nach düsteren Ansprachen vor der Kneipe auflodert und zu Asche zerfällt.

Doch die Magie des Nubbels ist begrenzt. Die Taten im karnevalistischen Rausch ziehen Konsequenzen im wirklichen Leben nach sich: »Rosenmontag ein Spielchen, Weihnachten ein Bildchen« (gemeint ist das Babyfoto), sagt der Kölner, denn der karnevalistische Liebesakt kann zu ganz profanen Schwangerschaften führen und der spielerische Kuss an Weiberfastnacht zu realen Eheproblemen usf. Die Rückkehr in die gewohnte Ordnung kann misslingen, wenn ich durch das Spiel ein anderer geworden bin. Das Karnevalsthema treibt den Philosophen an die Grenze seiner Möglichkeiten, weil er noch nach Gründen suchen muss für einen Bereich, in dem auch die Ordnungen des Begründens, Argumentierens und Rechtfertigens versagen.

Wenn überhaupt kann vielleicht ein Dichter und Schlagersänger wie der kölsche Jupp Schmitz (1901–1991) im Medium der Kunst auf den Punkt bringen, woran der Philosoph scheitern muss:

Am Aschermittwoch ist alles vorbei.
Die Schwüre von Treue, sie brechen entzwei.
Von all deinen Küssen darf ich nichts mehr wissen,
wie schön es auch sei, dann ist alles vorbei!

Freie
Wildbahn

Auch wenn ich weiß, dass der Typ an der Hotline nix dafürkann: Darf ich meinen Ärger an ihm auslassen?

Sebastian ist von Köln nach München gezogen. Das Meiste hat er zwangsläufig in Köln zurückgelassen – seine Freunde, seine Familie, seinen blau-grünen Fernsehsessel. Was er mitnehmen konnte: den Anbieter von Festnetz, Internet und digitalem Fernsehen. Und nur, damit das klar ist: Sebastian ist auf alle drei Dinge wirklich angewiesen. Sie sind fast schon lebensnotwendig! Deshalb hat er sich auch rechtzeitig darum gekümmert, dass der Anschluss in München bereit ist, sobald er seine neue Wohnung bezieht.

Blöd, dass zum vereinbarten Termin kein Techniker gekommen ist. Noch blöder, dass der neue Termin erst einen Monat später sein soll. Das ist Sebastian per Post mitgeteilt wor-
den. Was das konkret bedeutet:
einen Monat ohne entspannte
Telefonate mit den Freunden
(weil Handy auf Dauer halt doch
teuer ist), einen Monat ohne surfen im Netz, Mails verschicken,
Onlinebanking. Und einen Mo-

nat ohne Glotze am Abend nach getaner Arbeit – in einer Stadt, in der der neue Freundeskreis noch verdammt über-
sichtlich ist. IST DOCH SCHEISSE!

Sebastian ruft also beim Anbieter an. Und er hat schon

feuchte Finger vor Wut, nimmt sich aber bewusst vor, die Situation sachlich zu lösen. So sachlich, wie es Sebastians Temperament nun mal zulässt. Dann das übliche Prozedere: Über eine automatisierte Hotline versucht er sein Anliegen vorzubringen. Warteschleife. Sebastian spürt sein Herz klopfen. Endlich eine menschliche Stimme am anderen Ende: »Was kann ich für Sie tun?« Sebastian schildert sein Anliegen. Die Stimme: »Da muss ich Sie weiterverbinden.« Klick. Warteschleife. Ganz ruhig, betet sich Sebastian innerlich vor – bis er wieder an die ganzen möglichen Sonntage ohne Tatort und Co. denkt.

»Wie kann ich Ihnen helfen?« – da, wieder eine menschliche Stimme. Sebastian lässt seinen Sermon ab. »Ich verstehe Ihr Problem«, antwortet die Stimme, »aber da können wir nichts machen. Unsere Techniker sind komplett eingespannt. Das war der früheste Termin, den wir Ihnen anbieten können.« Damit lässt sich Sebastian natürlich nicht abspeisen, pocht auf seine ursprüngliche Vereinbarung, stellt den Service des Anbieters in Frage, von wegen »so schwer kann das ja wohl nicht sein«. Die Stimme bleibt professionell ruhig, blockt aber komplett ab. Das ist der Moment, in dem die Stimmung endgültig kippt. Sebastian geht ab wie eine angeschossene Wildsau. Und es ist ihm scheißegal, ob die Stimme was dafürkann oder nicht. Die Stimme gehört zu irgend so einem blöden Arsch, der Sebastian die Hilfe verweigert. Hätte sich der Typ hinter der Stimme doch einen anderen Job gesucht. Der ist doch selbst verantwortlich, dass er für so ein Drecksunternehmen arbeitet. Wahrscheinlich irgend so eine arme Wurst, die keine Freunde hat und hässlich ist und nie 'ne Frau bekommt und noch bei der Mutter lebt … und irgendwann legt Sebastian einfach auf.

Es dauert noch ein paar Minuten, bis die Wut abklingt – und dann fängt Sebastian an, sich doch ein bisschen für seinen Auftritt zu schämen. Zu Recht?

So entscheidet der Freundeskreis

JA-Sager →
Tom (20): Ich glaube, diese Hotline-Typen sind darauf geschult, dass so etwas passiert. Die sind dann wie so ein Puffer. Finde ich aber okay, dass man sich da als Kunde aufregt. Irgendwo muss der Frust ja hin.

Manuel (26): Es bringt doch nichts, den Zorn in sich reinzufressen. Irgendwer muss den Kopf eben hinhalten. Und da kommt der Hotline-Fuzzi gerade recht.

NEIN-Sager ←
Silvia (17): Finde ich unmöglich, den armen Kerl so anzublaffen. Der kann ja auch nix dafür.

Margot (32): Mein Freund rastet bei so was auch immer total aus. Und das ist mir so peinlich. Weil es einfach keinen Grund gibt, so ausfallend zu werden.

JEIN-Sager ↔
Eva (27): Eigentlich ist es schäbig, jemanden so anzubrüllen. Aber ich kenne die Situation auch. Und da kann ich oft auch nicht anders, als auszurasten.

Das sagt der Philosoph

Wer kennt das nicht? Zuerst wird man durch endloses und natürlich kostenpflichtiges Warteschleifengedudel weichgekocht, um dann in einem Ton unerträglicher Freundlichkeit den berühmten Satz zu hören: »Herzlich willkommen bei Vodacom! Mein Name ist Franz Kafka, was kann ich für Sie tun?« Inzwischen hat sich wohl herumgesprochen, dass Callcenter-Mitarbeiter kommunikativ trainiert werden, bisweilen unter ausbeuterischen Arbeitsbedingungen beschäftigt sind und zu ›Schulungszwecken‹ in ihrer Tätigkeit überwacht werden. Gerade wenn es um Reklamationen geht, gewinnt man den Eindruck, dass die Mitarbeiter wie menschliche Schutzschilde vor die knallharten Unternehmensinteressen geschnallt werden.

Die Person, mit der wir sprechen, ist nicht verantwortlich für unser Problem; sie kann zwar Auskunft geben, hat aber kaum Entscheidungsbefugnisse. Und während der Mitarbeiter, dem Leitfaden professioneller Kommunikationsstrategien folgend, bemüht ist, unseren Zorn und unser Anliegen rhetorisch versickern zu lassen, bewegen wir uns im Rahmen der zwischenmenschlichen Höflichkeitsregeln, die es uns verbieten, einen Menschen anzuschreien. Dieser Regel ist auch in moralischer Hinsicht unbedingt Folge zu leisten: Kein Mensch sollte auf entwürdigende Weise zum Sündenbock gemacht werden, nur weil man den eigentlich Verantwortlichen nicht zu fassen kriegt. Auch der Einwand, dass der Gesprächspartner schließlich dafür bezahlt werde, bisweilen beschimpft zu werden, rechtfertigt keinen rüden Angriff gegen dessen Person, denn die Würde des Menschen gilt als unveräußerlich, d. h., sie darf nicht gegen Geld getauscht werden.

An diesen Überlegungen wird deutlich, warum Ärger an der Hotline so häufig vorkommt: Neben dem eigentlichen Problem (Telefonanschluss, Reklamation …), das einen vielleicht schon genug Nerven kostet, erzeugt das Gefühl, mit einer menschlichen Gesprächsmaschine zu sprechen, die nur ihre Textbausteine auf mich loslässt, zusätzlich noch ein Gefühl von Ohnmacht und Empörung. Denn die Frage »Was kann ich für Sie tun?« suggeriert doch die Bereitschaft und Fähigkeit, mein Problem aus der Welt zu schaffen. Und am Ende habe ich nicht nur keine befriedigende Lösung, sondern auch noch aufgestauten Ärger, den ich als Mensch mit gehobenen moralischen Ansprüchen noch nicht mal anständig loswerden kann.

Ist das also das bittere Los des guten Menschen: reines Gewissen, aber eine unglaublich schlechte Laune, weil einem so übel mitgespielt wurde? Hier ist es sowohl für die Ausgeglichenheit der eigenen Seele als auch in moralischer Hinsicht sinnvoll, den Fall nicht auf sich beruhen zu lassen. Sicher ist im Einzelfall zu entscheiden, wie viel Mühe und Fantasie es mir wert ist, die Sache abschließend zu klären, um mir Genugtuung zu verschaffen. Tatsächlich muss es darum gehen, mit den wirklich Verantwortlichen in Kontakt zu kommen, also mit den Menschen, die an der Produktqualität sparen und in den Serviceabteilungen Personal abbauen und sich dann hinter den Callcenter-Mitarbeitern verstecken, wenn etwas nicht funktioniert. Hier kann ein Brief an die Unternehmensführung mit Durchschlag an die Verbraucherzentrale hilfreich sein oder auch ein Tipp an Servicemagazine in Radio und Fernsehen. Wer sich direkt Luft machen möchte, kann auch am Callcenter vorbei mit dem Unternehmen telefonieren. Die Nummern stehen im Internet in der Rubrik: Impressum.

Darf ich mich als großer Mensch auf einem Konzert vor einen kleineren stellen?

Grundsätzlich ist Ingo echt ein total netter und toleranter Kerl. Ein richtiger Menschenfreund sogar. Einer, der hilft, wenn Hilfe gebraucht wird. Der immer witzig und aufgeschlossen ist. Mit dem jeder befreundet sein will. Es gibt nur eine Sache, da wird Super-Ingo ganz schnell zu Bad Ingo. Auf Konzerten. Liegt nicht am Musikgeschmack! Klar steht Ingo gelegentlich auch auf Metal – auch auf düstere Stücke –, aber das ist nicht das Problem. Das Problem ist Ingos Größe. In aufrechter Haltung kommt er auf 1 Meter 73.

Jetzt sagt der Volksmund, dass sich kleinere Männer gerne mal behaupten müssen. Das trifft auf Ingo aber eigentlich gar nicht zu. Bei den Mädels macht er seine Größe mit außergewöhnlicher Attraktivität wett, er ist zudem sportlich und vom Charakter her so tiefenentspannt, dass er den ein oder anderen blöden Spruch von seinen Kumpels locker wegstecken kann. Aber auf Konzerten nützt ihm all das gar nichts. Und dabei liebt Ingo Konzerte so! Die schwitzige Atmosphäre, die Nähe zur Band, der Sound – einfach geil.

Warum also, verdammte Scheiße noch mal, muss es immer so einen überdimensionierten Goliath geben, der sich genau vor Ingo platziert? Der gefühlte 2 Meter 30 groß ist und fast genauso breit. Und als wäre das nicht ätzend genug, tendieren diese Riesen ja auch noch dazu, ihr Gewicht ständig von einem Bein aufs andere zu verlagern. Sprich: Wenn Ingo gerade einen Spalt gefunden hat, durch den er am Riesen vorbei auf die Band linsen kann, dann verlagert der Riese das Gewicht und versperrt aufs Neue die Sicht.

Ingo hasst Konzertriesen. Die können ja seinetwegen zu Hause friedlich vor sich hin existieren. Die können auch mal in eine Bar oder einen Club gehen. Aber Konzerte sollten für die tabu sein. Und Kino auch. Aber vor allem Konzerte. Außer sie stellen sich mit all den anderen Riesen in die letzte Reihe. Da, wo sie niemandem die Sicht versperren. Aber daran halten sich diese dummen Riesen ja nie. Nicht mal, wenn Ingo sie direkt dazu auffordert.

Und Ingo fordert sie jedes Mal dazu auf. Weil ihm sonst nämlich sämtliche Sicherungen durchbrennen. Seine Versuche bei den ersten Konzerten hatten noch etwas Diplomatisches. Aber mittlerweile scheißt Ingo auf Gesäusel und kommt direkt auf den Punkt. Er erwartet auch gar nicht mehr, dass die Riesen reagieren. Er will nur seiner miesen Laune Luft machen und den Riesen zumindest die Stimmung mit versauen. Wenn er schon keinen richtigen Spaß haben kann, dann sollen die auch keinen haben. Schließlich haben sie das selbst zu verantworten. Hätten sich ja nicht vor jemanden stellen müssen, der kleiner ist!!!

So entscheidet der Freundeskreis

JA-Sager

Jürgen (31): Wenn es sich nicht vermeiden lässt, hab ich auch kein schlechtes Gewissen dabei. Weil ich nichts für meine Größe kann. Und wenn es sich vermeiden lässt, dann gehe ich natürlich ein paar Schritte nach hinten. Um über die Kleineren drüberzuschauen.

Boris (29): Tja, es bleibt wohl keine Alternative unter Umständen. Ich kann ja auch nichts dafür, dass ich so groß bin. Da müssen die Zwerge halt früher kommen und sich nach vorne stellen.

Tina (23): Klar nervt es mich, wenn einer vor mir steht, der größer ist. Aber ich fände es total ungerecht, dass der jetzt ganz nach hinten muss. Ich lass mich bei Konzerten einfach auf die Schultern nehmen.

← NEIN-Sager

Amelie (24): Eigentlich sollte man schon darauf achten, dass man sich nicht vor kleinere Leute stellt, wenn die dann nicht so viel sehen können.

Jutta (33): Ich rege mich immer total auf, wenn sich ein 1-Meter-90-Mann direkt vor mich stellt. Teilweise schnallen die ja noch nicht mal, dass da jemand hinter ihnen ist. Da kann ich ganz schön zickig werden.

Das sagt der Philosoph

Rücksichtnahme ist ein wichtiges Thema des sozialen Zusammenlebens. Auf der einen Seite des Spektrums steht der Egoist, der die Welt aus der Perspektive seiner Bedürfnisse und Ansprüche betrachtet, ohne auf die Entfaltung der anderen Rücksicht zu nehmen. Auf der anderen Seite der Altruist, der sich die kleinsten Lebensregungen verkneift aus Sorge, jemand anderen zu beeinträchtigen. Beides sind problematische Lebensformen, die im Extrem wohl selten vorkommen. Dazwischen aber spannt sich ein breites Feld auf, wo jeder probieren muss, eine Balance zwischen der berechtigten Sorge für sich selbst und den Ansprüchen der anderen zu finden.

Man ärgert sich schwarz, wenn man beispielsweise im Zug

extra das Ruheabteil reserviert hat, um ein gutes Buch zu lesen, und genau unter dem Icon, das Handynutzung untersagt, sondert ein Anzugträger lautstark Business-Blabla in sein Smartphone ab. Und obwohl man eigentlich im Recht ist, zögert man, ihn anzusprechen, denn man will ja schließlich nicht als Spießer erscheinen. Oder vielleicht denkt man auch: So rücksichtslos kann doch niemand sein. Das muss er doch selbst merken … Nun ist der Fall noch relativ einfach aufzulösen, wenn es um Rücksicht in Bezug auf Tätigkeiten geht. Hier kann man im Gespräch Lösungen aushandeln, die den Bedürfnissen beider Seiten gerecht werden. Was aber, wenn das Problem nicht darin besteht, was man *tut*, sondern in dem, was man *ist?*

Handlungen kann man begehen oder unterlassen, man kann sie auf die eine oder andere Art ausführen. Hier gibt es immer Spielräume. Die Alternative zu der eigenen Existenz ist nur die Nicht-Existenz! Bezogen auf die Frage nach dem riesigen Konzertbesucher: Seine Körpergröße ist nicht die Folge seines Tuns, sondern ein Faktum seiner Existenz. Entscheiden kann er allein, wo er sich hinstellt. Die rücksichtsvollste Variante wäre in diesem Fall, sich nach ganz hinten zu stellen, was aber einer Diskriminierung gleichkäme, wenn man es allen Ernstes von ihm verlangen würde. Denn wieso sollte er einen geringeren Anspruch darauf haben, sich nah an der Bühne aufzuhalten, nur weil er sich körperlich von den anderen unterscheidet. Und natürlich sind auch die kleineren Konzertbesucher gut zu verstehen: Sie haben für eine Veranstaltung bezahlt und kommen dann nur bedingt in den Genuss einer guten Sicht.

Ein klassisches Jein-Dilemma, das nicht abstrakt, sondern nur ganz konkret in der Situation aufgelöst werden kann. Vielleicht ist es schon hilfreich, wenn man ins Gespräch kommt und sich nicht bloß ärgert. Allen dürfte klar sein, dass es sich um eine unglückliche Situation handelt, und deshalb honorieren wir, wenn der Riese zeigt, dass er sich der Lage bewusst ist und zumindest versucht, auf andere Rücksicht zu nehmen, indem er z. B. von Zeit zu Zeit die Position wechselt. Es dürfte deutlich geworden sein, dass sich auch die große Person unwohl in ihrer Haut fühlen könnte, sodass man die Situation, die pragmatisch nicht aufgelöst werden kann, am besten mit viel Humor nimmt. Einen moralischen Anspruch darauf, dass sich große Menschen in die letzte Reihe zu stellen haben, gibt es nicht!

Darf ich Castingshows angucken, obwohl ich sie total scheiße finde?

Köln – 07. Januar 2010: Ein Raunen geht durch die Medienlandschaft. Die Castingshow »Deutschland sucht den Superstar« geht in eine neue Runde und toppt die bisher da gewesenen Demütigungen der Kandidaten mit einem neuen Fall. Zum ersten Mal wurde ein Kandidat vom Sender vorgeführt, weil er sich angeblich in die Hose gemacht hat. Zumindest legte der Zusammenschnitt der Szenen diese Vermutung nahe. Der nasse Fleck in der Hose des Kandidaten bot Juror Dieter Bohlen eine willkommene Steilvorlage: »Hast du etwa in die Hose gepieselt?« Der 19-jährige Superstar-Anwärter gab sein Malheur scheinbar zu (das allerdings mitnichten etwas mit ungewollt verlorenem Urin zu tun hatte) und kassierte gleich noch einen weiteren Kommentar vom Pop-Titan. »Pass auf. Nach dem Rausholen musst du ihn gut abschütteln, und wenn das noch immer nicht reicht: R-O-T-A-T-I-O-N.«

»Komm, bitte, zeig's mir noch mal«, bettelt Marco und japst nach Luft vor Lachen. Fast hätte es ihn vom Stuhl gehauen.

»Warum hast du dir das nicht gestern Abend im Fernsehen reingezogen? Mein Akku ist gleich platt. Aber ich schick dir den Link.«

Marco kann sich immer noch nicht beruhigen. Das war einfach zu geil. Wie kann man auch so doof sein? Sich in eine Castingshow stellen und dann rumheulen, dass man vorgeführt wird. Da weiß ich doch, wieso ich so was nicht gucke, denkt Marco.

»Ich denk, du guckst so was nicht.« Erwischt – so ein schnippischer Kommentar kann eigentlich nur von Jenny kommen.

»Tu ich ja auch nicht. Was kann ich denn dafür, wenn Klaus mir sein Handy einfach unter die Nase hält. Ich werd mich ja wohl noch über den Vollhorst amüsieren dürfen, der sich freiwillig vor Bohlen zum Affen macht. Selber schuld, sag ich da nur.« Ein Blick in Jennys Gesicht verrät Marco schnell: So billig kommt er ihr nicht davon.

Und noch bevor ihm irgendeine Ausrede einfällt, um den Raum zu verlassen, setzt Jenny schon zum Gegenschlag an: »Wie arrogant ist das eigentlich? Erst behauptest du, du würdest dich mit so einem ›Unterschichten-Programm‹ nicht abgeben. Und dann sitzt du hier und kannst dich kaum halten vor Lachen, weil so eine arme Wurst den Fehler macht, ihre Karrierehoffnungen auf eine Castingshow zu setzen.« Bamm, das hat gesessen.

Aber so schnell wird hier nicht klein beigegeben: »Ja, aber erstens guck ich ja nicht die ganze Sendung und zweitens: Weiß doch jeder, dass man sich bei so was eine verbale Packung abholen kann. Ich hab mir doch jetzt nur das eine Video reingezogen. Und sorry, aber das war echt zu komisch, wie der da mit der nassen Hose steht. Das sah echt aus wie reingepinkelt.«

Jenny scheint die Antwort ganz und gar nicht zu passen: Ihre Augenbrauen nähern sich gefährlich der Nasenwurzel und aus ihren Augen werden katzengleiche Sehschlitze. »Du bist so ein Idiot, Marco, echt. Wie würd's dir denn gehen, wenn Herr Beseke dich vorne an die Tafel ruft, kurz nachdem du dir deine Cola über die Hose gekippt hast, und dann die ganze Klasse auf deinen vermeintlichen Pipi-Fleck starrt.

Ich dreh dann ein Video davon und stell's auf Facebook. Mal gucken, ob du dann immer noch lachst.«

Genervt verdreht Marco die Augen: »Jetzt komm mal wieder runter und mach dich locker. Das ist nur so ein Casting-Fritze. Morgen erinnert sich da keine Sau mehr dran.«

Jenny ist inzwischen stocksauer, verkneift es sich aber, den letzten Gedanken auszusprechen: Das ist so inkonsequent. Wenn er das so doof findet, dann darf er das auch nicht gucken.

So entscheidet der Freundeskreis

JA-Sager →
Rita (27): Klar darf man, das ist ja eigentlich der Reiz an so Sendungen.
Sam (30): Ich finde da nichts Verwerfliches dran. Man kann sich auch nur 'ne Meinung bilden, wenn man was gesehen hat.

NEIN-Sager ←
Kelly (22): Wenn man so was doof findet, muss man auch konsequent sein und in Kauf nehmen, dass man nicht mitreden kann.
Adam (27): Scheiße finden und trotzdem gucken? Nee, dann muss man schon dazu stehen.

JEIN-Sager ↔
Erik (22): Na ja, man kommt ja nicht drum rum, das zu sehen. Und wenn es nur in Ausschnitten ist.
Ida (19): Ach, das find ich jetzt nicht so schlimm. Da muss man sich nicht drüber aufregen.

Das sagt der Philosoph

Voyeurismus, also die Lust am Betrachten eines anderen in diskreten Situationen, ohne selbst in den Blick zu geraten, ist eine Neigung, die Menschen wohl von jeher in sich tragen. Unbeachtet über die Mauer zu schauen oder durch das Schlüsselloch erfüllt den Betrachter in doppelter Hinsicht mit Spannung: Zum einen erfreut er sich an der Szene, die er betrachtet, zum anderen läuft er immer auch Gefahr, entdeckt zu werden, was die Kostbarkeit des Momentes erhöht. Dabei genießt man nicht nur den Anblick sexueller Dinge, sondern im Prinzip alles, was normalerweise im Verborgenen bliebe. Natürlich ist mit der Schaulust der Menschen auch Geld zu verdienen: In Freakshows wurden auf Jahrmärkten ›missgestaltete‹ Menschen ausgestellt, sehr zum Vergnügen der gaffenden Menge, die sich im Panoptikum, also dem Ort, der alles sichtbar macht, ihrer Normalität vergewissert, indem sie auf die Sonderlinge zeigt.

Auch das Fernsehen ist ein solches Panoptikum, das aufgebrochen ist, auch den letzten Winkel des Privaten noch mit Scheinwerfern auszuleuchten und per Kamera in unser Wohnzimmer zu bringen: die Messie-Wohnung, den Swingerclub, die trostlosen Kinderzimmer aus den Plattenbauten in den Armutsgettos, den Darm einer ehemaligen Tagesschausprecherin, das Brustimplantat von C-Promis, die Sterbenden in Krisengebieten, den Stuhlgang von Zootieren. Castingshows variieren nun das Schema der Freakshow und kombinieren es mit dem Wettbewerb der Gladiatorenkämpfe: Die Sklaven kämpfen in der Arena um ihr Leben, und der Herrscher in der Loge hebt am Ende den Daumen oder senkt ihn. Wie schon im alten Rom geht es gar nicht darum, was aus dem Sieger wird. Ihm werden nur Versprechungen gemacht, damit man sich an den Qualen, die mit dem Ausscheidungskampf selbst verbunden sind, erfreuen kann. Und so sehen wir Jahr für Jahr dilettierende Selbstdarsteller, die auf oft hämische Weise von der allmächtigen Jury ihre Talentfreiheit bestätigt bekommen. Dass neben der Kritik am Gesang auch andere persönliche Schwächen der Lächerlichkeit preisgegeben werden, gehört zu den Spielregeln und erhöht den Kitzel des Zuschauers, der anders als der Voyeur am Schlüsselloch ja nicht befürchten muss, vor Scham zu erröten, falls er entdeckt wird. Sozusagen als Ersatz dafür produziert das Fernsehen Phänomene des Fremdschämens, die als emotionale Geschmacksverstärker den Bildern beigesetzt werden.

Nun könnte man einwenden, dass die Castingshowteilnehmer keine Sklaven sind, sondern sich freiwillig und in voller Kenntnis, wie die Show funktioniert, darauf eingelassen haben. Doch hier kann man mit Recht Zweifel anmelden: Wie soll jemand, der noch nicht einmal den Unterschied zwischen gutem Singen und hilflosem Säuseln erkennt, in der Lage sein, die Folgen eines Fernsehauftrittes abzusehen? Bildet sich nicht jeder ein, die Situation vor der Kamera irgendwie zu beherrschen? Angestachelt vom Wunsch, auf kurzem Wege Reichtum und soziale Anerkennung zu erlangen, steigert man sich in Teenagerträume hinein, die von den Machern der Castingformate hemmungslos ausgebeutet werden. Denn im harten Urteil der Jury platzen die Träume nicht nur nach Sekunden, sondern der Preis der öffentlichen Zurschaustellung muss dann wochenlang in einem privaten Albtraum gezahlt werden, wenn der Schulbesuch der Gedemütigten zum Spießrutenlauf wird.

Wer diesen Analysen zustimmt und trotzdem regelmäßig die einschlägigen Formate schaut, macht sich als Voyeur mitschuldig an der entwürdigenden Darstellung der gescheiterten Gesangstalente. Natürlich liegt die wesentliche Verantwortung bei den Sendern, die ihrer Fürsorgepflicht gegenüber den in jeder Hinsicht überforderten Kandidaten nicht nachkommen. Aber auch der Zuschauer trägt einen Teil der Schuld. Wenn die entwürdigenden Ausleserituale nicht die entsprechenden Quoten einfahren würden, wären sie schließlich längst aus dem Programm verschwunden. Also: Bitte konsequent sein und abschalten!

Ist es okay, Nein zu sagen, wenn sich im vollen Restaurant andere zu einem an den Tisch setzen wollen?

»Kann ich mich zu euch setzen?«, fragt eine Stimme von links, und Andrea denkt sich nur: »Boah, kein Bock auf so einen Spacko, der sich jetzt mit ins Gespräch einklinkt.« Und aus Gedanken werden Worte. »Nicht persönlich nehmen, aber wir wollen gerne unter uns bleiben. Haben uns schon lange nicht mehr gesehen. Da gibt es viel zu bequatschen.« Fühlt sich richtig gut an, geht es Andrea durch den Kopf, wenn man mal die Wahrheit sagt. Keine falsche Höflichkeit, einfach nur Ehrlichkeit mit der nötigen Portion gesundem Egoismus. Und während sich Andrea gedanklich auf die Schulter klopft, räumt der Fremde das Feld.

»Das war aber ganz schön unhöflich von dir«, blafft sie ihre Freundin Tanja an.

»Wie jetzt?«, fragt Andrea irritiert. »Wolltest du ernsthaft, dass der sich zu uns an den Tisch setzt? Der sucht doch nur jemanden, den er volllabern kann. Und wir sind doch mitten im Gespräch!«

»Ich fand es auch ein bisschen krass von dir«, meint auch Yvonne.

»Ich verstehe euch echt gar nicht mehr. Wie oft haben wir im Nachhinein gelästert, wenn sich irgendwer zu uns gesetzt hat? Weil wir unter uns bleiben wollten. Jetzt habe ich mich mal zusammengerissen, Klartext gesprochen, und dann passt es euch auch nicht. Ihr macht mich sogar noch blöd an deswegen.«

Andrea versteht ihre Freundinnen nicht. Gerade haben sie noch in nostalgischen Erinnerungen über die ersten Knutschereien geschwelgt, haben sich kaputtgelacht, und nun ist die Stimmung dahin. Und alles nur, weil Andrea einem Wildfremden höflich, aber bestimmt gesagt hat, dass er sich nicht dazusetzen kann.

»Der arme Kerl muss jetzt in eine andere Kneipe, weil es hier keinen Platz mehr gibt«, sagt Yvonne und schaut dem Fremden nach, wie er die Bar verlässt. Auch Tanja dreht sich nach ihm um.

»Meine Güte«, kontert Andrea. »Der wird schon nicht auf halbem Weg verdursten. Ihr tut ja gerade so, als wäre ich eine total herzlose Bestie, die Maria und Josef die Türe vor der Nase zugeschlagen hat.«

Die Knutschgeschichten sind auf alle Fälle für den Augenblick abgehakt. Betretenes Schweigen, Yvonne und Tanja werfen sich undefinierbare Blicke zu, Andrea fühlt sich furchtbar. Nicht, weil sie dem Fremden den Platz verwehrt hat. Sondern weil sie sich von ihren Freundinnen ungerecht behandelt fühlt. Es ist ja nicht so, dass Andrea ständig gemein zu anderen ist. Ganz im Gegenteil ist eigentlich meistens sie die Höfliche, die anderen hilft. Und dann entscheidet sie sich einmal für den eigenen Vorteil und – wie sie dachte – für den ihrer Freundinnen und mutiert augenblicklich zur Ego-Kuh. Das ist doch ein schlechter Witz. Das nächste Mal kann sich jeder dahergelaufene Vollpfosten zu ihnen setzen. Sie wird nicht mehr NEIN sagen.

So entscheidet der Freundeskreis

JA-Sager

→

Thorsten (22): Ich finde es auf jeden Fall in Ordnung, wenn man ungestört reden möchte. Also, man kann das ja auch höflich sagen. Aber ich glaube, viele Leute sagen das auch nicht, weil man nicht arrogant oder hochnäsig rüberkommen will.

Verena (30): Ich denke schon, dass es okay ist, Nein zu sagen. Je nachdem, was ich für ein Gesprächsthema gerade habe.

Iris (17): Natürlich darf ich ablehnen. Ich war schließlich zuerst da. Und wenn ich keine Lust auf einen Fremden an meinem Tisch habe, muss der sich was anderes suchen.

NEIN-Sager

←

Gregor (26): Ich würde mich ganz schlecht fühlen, wenn ich sagen würde: Nee.

Oskar (26): Würde mir auch so gehen. Wobei ich auch gar nicht weiß, ob ich das dann sagen dürfte. Weil, das ist ja nicht mein Restaurant, in dem ich da sitze.

Annette (31): Ich glaube, wenn ich da wirklich mit 'ner guten Freundin sitze, ist es nicht das Problem, das intime Thema auch mal abzuwürgen und auf später zu verschieben.

Das sagt der Philosoph

Es gibt Orte, an denen wir uns nicht aussuchen können, mit wem wir uns umgeben: In Ausbildung und Beruf finden wir uns in Gemeinschaften wieder, die wir uns so nicht ausgesucht haben. Wir werden in Klassen oder Teams zusammengestellt, in Sitzordnungen oder Schreibtischnachbarschaften im Büro gezwungen. Dies ist akzeptabel, weil die Beziehungen, die

wir hier eingehen, eher den Charakter von Zweckgemein-
schaften haben und die Gespräche meistens auch nicht diskret verlaufen müssen. Natürlich bilden sich auch in diesem
Rahmen persönliche Beziehungen, die sich ruhige Orte und
Zeitpunkte suchen, z. B. die Zigarettenpause oder der kurze
Tratsch in der Teeküche. Auch im privaten Leben sind wir
nicht völlig souverän, mit wem wir verkehren: Wenn ich mit
der Familie unter einem Dach wohne, muss ich in Kauf nehmen, dass meine Angehörigen mich in meiner Ruhe stören
oder in meine Gespräche hineinplatzen.

Anders ist es, wenn ich mich an einem dritten Ort, also
in der Öffentlichkeit außerhalb von Beruf / Ausbildung oder
Familie, mit einer anderen Person treffe. Hier habe ich im
Prinzip einen Anspruch darauf, selbst zu entscheiden, mit
welchen Menschen ich mich umgebe – allerdings immer in
Abhängigkeit zum jeweiligen Ort: Im Fußballstadion wäre
es albern, die anderen Fans um einen Diskretionsabstand zu
bitten. Im Park dagegen, wo man weitläufig flanieren kann,
wäre es dagegen eine Unverschämtheit, wenn jemand sich
unmittelbar neben ein Liebespaar begeben würde. Im öffentlichen Raum geht es um das feine Wechselspiel von Nähe und
Distanz, Diskretion und Indiskretion.

Die Frage, ob ich jemanden zurückweisen darf, der sich
an den Tisch setzen möchte, ist insofern auch nicht generell
zu beantworten, sondern immer nur in Hinblick auf die konkrete Umgebung. Gleicht der Ort eher einem gastronomi-
schen ›Stadion‹, wo es vornehmlich darum geht, viele Menschen in kurzer Zeit mit Nahrung zu versorgen, ist es weniger
angebracht, auf die Privatsphäre zu bestehen. Es gehört gewissermaßen zu den ungeschriebenen Spielregeln dieser
Orte, dass man den engen Raum teilt und dafür schnell und
günstig satt wird. Wenn ich Ruhe und Intimität suche, darf
ich einfach nicht in eine Kantine, Mensa oder in ein Fastfood-

restaurant gehen. Anders sieht es in der gehobenen Gastrono-
mie aus. Hier geht es nicht nur um Nahrungsaufnahme, sondern um den Genuss von Speisen in geselliger und zugleich
intimer Atmosphäre. Ein gutes Essen ist wie ein kleines Fest,
und ungebetene Gäste können dieses Fest verderben.

Mit der Ankunft der fremden Augen und Ohren verfliegt
die ausgelassene Stimmung. Die Gesprächsthemen reduzieren sich auf Belanglosigkeiten, und an die Stelle des zwang-
losen Miteinanders tritt ein angestrengtes Theaterstück, in
dem Menschen nur noch so tun, als ob sie freudig miteinander essen würden. Nun ist allerdings auch das Abweisen des
ungebetenen Gastes schon ein Ärgernis, das die gute Stimmung trüben kann. Vielleicht stellt sich auch ein schlechtes Gewissen ein, weil es immer unhöflich wirkt, jemandem
eine Bitte auszuschlagen. Doch ist dieses schlechte Gewissen
wirklich angebracht? Müsste nicht vielmehr der Störenfried
ein schlechtes Gewissen haben, dass er mir überhaupt diesen
Konflikt aufnötigt? Ist es nicht ausgesprochen unsensibel und
distanzlos, sich dazusetzen zu wollen? Tatsächlich ist hier ein
Gespür für die Atmosphäre des Ortes und auch für die jewei-
lige Personenkonstellation einzufordern.

Ein geselliges Essen ist ein hohes Gut. Wenn ich deshalb
jemanden abweise, verschulde ich damit ja nicht sein unmit-
telbares Verhungern, sondern im schlimmsten Fall die kleine
Unbequemlichkeit, noch ein paar Schritte tun zu müssen,
um dann im Restaurant hinter der nächsten Ecke einen Platz
zu finden. Ohne Umschweife: Es ist legitim, Nein zu sagen,
wenn sich jemand in einem Restaurant mit an den Tisch setzen will.

Darf ich mich im Fachgeschäft beraten lassen und dann trotzdem, weil es günstiger ist, im Internet kaufen?

Geschenke, die man sich selbst aussuchen soll, sind eigentlich doof, findet Astrid. In diesem Fall wird sie aber eine großzügige Ausnahme machen: Ihre Eltern wollen ihr einen neuen Laptop schenken. Dann ist sie endlich diese lahme Gurke los. Nicht mal chatten kann Astrid damit ordentlich. Und das kurz vor ihrem Auslandsjahr. Als ihre Eltern nach einem langen »Eigentlich macht man das ja nicht, aber …«-Vortrag endlich mit der Sprache herausrücken, springt sie quietschend im Wohnzimmer auf und ab. Erst als ihr Vater sich lautstark räuspert, wird Astrid schlagartig klar: Die Sache hat einen Haken.

»Also, wir können jetzt nicht das teuerste und neueste Modell anschaffen, das ist dir hoffentlich klar. Wir haben uns vorab ein bisschen informiert und stellen dir eine Summe x zur Verfügung. Es steht dir natürlich frei, das beste Modell zu kaufen, das man für diesen Betrag haben kann.«

Das war wieder typisch ihr Vater. Der alte Knauser. Das lästige Preisevergleichen bleibt jetzt natürlich auch an Astrid hängen. Aber was soll's, bei so einem teuren Geschenk will sie jetzt auch nicht kleinlich sein. Also legt sie gleich am Abend los und surft sich die Finger wund – sofern man das bei dieser lahmen Möhre, die sich Rechner schimpft, überhaupt sagen konnte. Doof nur, dass Astrid die Hälfte dieser technischen Angaben gar nicht versteht. Wie viel virtuellen Speicher braucht man denn nun, um vernünftig im Netz zu surfen und hier und da mal ein Onlinespiel zu spielen? Wie viel Festplattenspeicher benötigt man wofür, und was soll das mit den Umdrehungen? Bei einer Waschmaschine ist ihr das klar, aber bei einem Computer?

Astrid beschließt, die Onlinerecherche erst einmal ruhen zu lassen. Stattdessen klappert sie einen Tag später mit einem »Latte to go« in der Hand die gängigen Computerläden ab. Sie lässt sich die verschiedenen Modelle vorführen, ausführlich erklären und checkt währenddessen Preise und Daten ab. »Das ist ja schlimmer als Schuhe kaufen«, mault sie, als sie nach vier Stunden endlich wieder den Heimweg antritt. Ganz kurz ist sie auch sauer auf ihren Vater, der genau wusste, dass es am einfachsten war, Astrid einfach das Geld zu geben und sie den Rest machen zu lassen. Aber hey, immerhin hat sie das Geld einfach so bekommen. Also Schluss mit maulen.

»Jetzt erst mal in die heiße Badewanne«, Astrids Füße brennen wie Feuer von dem Rumgerenne. Außerdem raucht ihr der Schädel nach all dem technischen Input. Zehn Minuten später sitzt Astrid in der Wanne und versucht zu entspannen. Wohlgemerkt, versucht, denn in ihrem Schädel springt die kleine Rechenmaschine an und überschlägt – so grob zumindest – die Rahmendaten und Preise. Okay, das war's mit entspannen, Astrid gibt auf, viel zu anstrengend. Sie wird gleich einfach ihren Vater fragen, ob sie kurz seinen Rechner benutzen darf. Und dann wird sie da noch mal die Preise vergleichen. Und am besten auch gleich im Internet bestellen. Noch mal so eine Techniktour in die Stadt überleben weder ihre Füße noch ihr Gehirn. Außerdem sind die Preise im Netz oft einfach günstiger als im Laden.

Also raus aus der Wanne, Handtuch um den Kopf gebunden und rein in die Wohlfühlklamotten. Nur kurze Zeit später stößt Astrid auf ihr Wunschmodell und siehe da, tatsächlich noch mal um einiges günstiger als im Laden. Astrid grinst zufrieden. Doch gerade als sie das gute Stück mit einem Klick in den Warenkorb des Onlineshops befördern will, beschleichen Astrid leise Zweifel. Immerhin war die Beratung in den Computerläden wirklich nett und kompetent. Und jetzt setzt sie sich einfach an den Rechner und bestellt anonym im Internet. Auf der anderen Seite hat sie sich ja auch in diversen Läden beraten lassen und wird am Ende trotzdem nur einen einzigen Rechner kaufen. Das wäre doch auch nicht gerecht. Schließlich hatten sich alle redlich Mühe gegeben, ihr einen geeigneten Laptop für den gewünschten Preis anzubieten. Und rein wirtschaftlich betrachtet ist es im Netz einfach günstiger. Ihr Vater wäre jedenfalls mächtig stolz auf sie, das war sicher. Trotzdem findet Astrid es irgendwie gemein, sich persönlich beraten zu lassen und dann hintenrum im Internet zu bestellen. Oder muss sie vielleicht einfach langsam erwachsen werden?

So entscheidet der Freundeskreis

→ JA-Sager

Tim (25): Klar darf man das, wieso nicht? Wenn's doch im Internet billiger ist.

Indira (20): Warum nicht? Ist ja nicht verboten.

Paul (22): Ich seh da kein Problem. Gerade bei teuren Sachen ist man doch froh, wenn man was sparen kann.

← NEIN-Sager

Mia (29): Also, wenn das eine umfangreiche Beratung war, hat man 'ne Dienstleistung in Anspruch genommen, dann sollte man da auch kaufen.

Altan (25): Wer sich beraten lässt, soll auch da kaufen. Sonst hätte man sich die Informationen auch selber zusammensuchen können.

JEIN-Sager ↔

Wim (23): Also, für die Beratung werden die Verkäufer ja bezahlt, ob man da kauft oder nicht. Und wenn es im Internet günstiger ist, ist das halt auch ein Argument. Schick ist das nicht, aber verständlich.

Das sagt der Philosoph

Der Beruf des Verkäufers ist bei uns nicht besonders angesehen. Man unterstellt, dass dessen Aufgabe im besten Fall darin besteht, dem Kunden zu sagen, in welchem Regal ein bestimmtes Produkt liegt und dieses dann gegebenenfalls zur Kasse zu bringen. Natürlich sollen Verkäufer auch beraten, was immer das bedeuten mag. Das Klischee fasst das kommunikative Repertoire von Textilverkäuferinnen in zwei Sätzen zusammen: »SIE müssen sich in dem Teil wohlfühlen!« und »Vielleicht sollten Sie es mal mit Längsstreifen probieren, das streckt!« Und tatsächlich können wir immer wieder die Erfahrung machen, dass Verkäufer hilflos und desorientiert oder herablassend und trotzdem inkompetent in einem Kundengespräch Schiffbruch erleiden. Stammkunden kennen sich besser im Sortiment aus, und jugendliche Technikfreaks wissen besser über die Leistungsmerkmale des Mobiltelefons Bescheid als die Fachkraft kurz vor der Pensionierung. Wenn ich im Buchhandel einen Roman bestellen möchte, von dem ich nur den Titel kenne, erwarte ich, dass der Verkäufer die Angaben vervollständigt, ohne dass ich ihm dazu die ISBN-Nummer nennen muss, damit er sie einfach in den Computer tippen kann. Der Grund für die vielen negativen Erfahrungen im Bereich Service und Beratung allein im Unvermögen oder der inneren Einstellung der Verkäufer zu suchen, wäre allerdings ungerecht. Oft sind die Menschen, die uns in Geschäften begegnen, nämlich gar keine ausgebildeten Verkäufer oder Einzelhandelskaufleute, die auch mit Sortiment und Kundenkommunikation vertraut sind, sondern schlecht bezahlte Aushilfen mit einem Crashkurs in Warenkunde.

Wie schön ist es dann, wenn ich in einem Fachgeschäft ein angenehmes Beratungsgespräch mit einem Verkäufer führen kann, der mich in meinen Wünschen und Bedürfnissen ernst nimmt, mir bei meiner Kaufentscheidung durch relevante Informationen hilft und mich vielleicht sogar in eine beschwingte Kauflaune versetzt, die sogar noch nach dem Gang zur Kasse fortwirkt. Dann wird deutlich, dass Verkaufen mehr bedeutet, als Preise in die Kasse zu tippen. Es dürfte klar sein, dass eine gute Beratung auch eine gute Bezahlung verdient, die erst einmal erwirtschaftet werden muss. Kunden können einen guten Service honorieren, indem sie in den Läden kaufen, in denen sie sich gut beraten fühlen, selbst wenn sie für das Produkt eventuell mehr zahlen müssen als im Internet oder beim Discounter.

Wer dagegen die gute Beratung nutzt, um eine Kaufentscheidung zu treffen, den Kauf dann aber nicht im selben Geschäft tätigt, begeht gewissermaßen »Beratungsdiebstahl«. Man nimmt schließlich die kostbare Zeit und das Expertenwissen des Verkäufers in Anspruch und setzt ihn durch den Einkauf im Internet zugleich der Gefahr zukünftiger Arbeitslosigkeit aus, die dann droht, wenn die meisten Kunden sich so verhalten. Schließlich steckt genau in der Preisdifferenz, die ich sparen möchte, das Gehalt des Verkäufers. Es ist also nicht nur problematisch, dass ich mir geldwerte Kenntnisvorteile erschleiche, durch die ich z. B. einen Fehlkauf vermeide, sondern ich gefährde auch die materielle Existenz des Menschen, der mich so nett berät.

Prinzipiell ist gegen Interneteinkäufe nichts einzuwenden, wenn ich z. B. gar keine Beratung brauche, weil ich mir die relevanten Informationen einfach selbst beschaffe. Wenn ich aber einen anderen Menschen dafür in Anspruch nehme, ist es nur angemessen, dass ich seine Leistung auch honoriere und den Kauf bei ihm tätige.

Darf ich einer Frau in den Ausschnitt gucken, ohne ein schlechtes Gewissen zu haben?

Donnerwetter. Das nenne ich mal ein pralles Dekolleté. Ist das eine Korsage, die Maja trägt? Auf alle Fälle sind ihre Brüste echt bombig nach oben gequetscht. Und die Haut ist so glatt wie bei einem Babypopo. Da will ja sogar ich hingrabschen.

Cecilias Gedanken kreisen seit Minuten rund um Majas Dekolleté. Die beiden kellnern in derselben Kneipe. Cecilia muss heute nicht arbeiten und ist nur auf einen Milchkaffee reingekommen. Eigentlich wollte sie ein bisschen Zeitung lesen, aber Majas Ausschnitt ist jetzt einfach spannender.

Während sie im Kopf Vergleiche zieht, wie ihre Brüste neben denen von Maja wohl zur Geltung kommen würden – von wegen pralles Pfirsichpaar trifft auf vertrocknetes Feigenduo –, gesellen sich ein paar Bekannte von der Uni zu Cecilia an den Tisch. Und auch Maja legt die Schürze ab und setzt sich zu ihnen. Während Maja munter von ihren Erlebnissen am Vormittag erzählt, ertappt sich Cecilia immer wieder dabei, wie sie auf Majas Brüste starrt. Die gucken einen aber auch an. Da können sich die meisten Mädels auf dem Oktoberfest in ihren festgegurteten Dirndln echt noch 'ne Scheibe von abschneiden.

Nach ein paar weiteren Minuten hat sich Cecilia endlich halbwegs sattgesehen und kann sich an dem Gespräch am Tisch beteiligen. Ach Gott – die labern alle schon wieder über Unikram. Na da hat Cecilia nichts verpasst. Aber plötzlich schnallt sie, was sie die letzten Minuten dann doch verpasst hat! Und zieht schon fast den Hut vor den Jungs an ihrem Tisch. Denn keiner von ihnen gafft auch nur halb so ungeniert in Majas Ausschnitt wie Cecilia. Mehr noch: Alle sehen Maja direkt, dauernd und wirklich ununterbrochen in die Augen. Gleich kollabieren die vor lauter Beherrschung, denkt sich Cecilia und muss grinsen. Arme Männer. Wenn die nur einmal gucken, sind sie gleich wieder billige Spanner.

Es kann auch gar nicht anders sein, als dass die Jungs eigentlich in Majas Ausschnitt versinken wollen. Wenn sich schon Cecilia nicht beherrschen kann, die grundsätzlich ja gar nicht auf Frauen steht, wie muss es dann dem durchschnittlichen heterosexuellen Mann gehen? Der wird doch ganz kirre bei so viel Reizüberflutung. Warum also diese Geißelung? Ist ja jetzt nicht so, dass Maja irgendwas verbergen will. Ansonsten hätte sie wohl kaum diesen Sexfetzen angezogen, diese Mischung aus naivem Klein-Mädchen-Top mit einer extra Portion Moulin Rouge oben drauf. Und wenn sie so wie jetzt herzhaft lacht, dann wackeln ihre Brüste doppelt aufreizend.

Am liebsten würde Cecilia der pseudointellektuellen Unterhaltung über spanische Literatur ein Ende setzen und zu den Jungs sagen: Hört auf, euch zu verstellen! Das wirkt doch nur noch lächerlich. Glotzt doch einfach hin, wenn euch so ein Sahneschnittchen unter die Nase kommt. Aber Cecilia hält die Klappe und denkt darüber nach, warum ihre Kommilitonen sich so beherrschen. Wahrscheinlich wollen sie nicht zu der primitiven Sorte Mensch gehören, die ohne Sinn und Verstand ihren Trieben folgt. Wollen eine Frau nicht bloß auf ihren Vorbau reduzieren. Wollen ihr Respekt zollen, wo Respekt verlangt ist. Ist doch alles Blödsinn, schießt es Cecilia durch den Kopf: Bei so viel Brust macht wegschauen doch nur Frust!

So entscheidet der Freundeskreis

→ JA-Sager

Tibor (21): Logisch guck ich dahin. Ist doch auch normal. Wenn eine zeigt, was sie zu bieten hat, wäre es doch unhöflich, das zu ignorieren.

Claudia (26): Wenn ein Typ 'nen tollen Oberkörper hat und den im Schwimmbad zur Schau stellt, dann schaue ich da auf jeden Fall hin. Also muss ich doch auch Männern das Recht zusprechen, dass sie 'nen Blick bei einer Frau riskieren, wenn sich ihnen die Gelegenheit dazu bietet.

Bernd (30): Jetzt mal ganz ehrlich. Wofür ist denn so ein Ausschnitt da? Das soll doch ein Blickfang sein. Und dann schau ich mir schon auch an, was das Mädel so zu bieten hat.

← NEIN-Sager

Tina (29): Ich hasse es, wenn mir Männer unentwegt auf die Brust starren. Ich hab nun mal 'nen größeren Busen. Aber deshalb will ich noch lange nicht im Hochsommer zugeknöpft im Café sitzen. Trotzdem ist das keine Einladung, mir ständig in den Ausschnitt zu gaffen.

Liliana (19): Finde ich wirklich unangenehm, wenn Männer das tun. Allerdings ziehe ich auch nix an, was so tief ausgeschnitten ist.

Gregor (34): Ich will jetzt nicht behaupten, dass ich nicht auf Brüste stehe. Aber wenn ich manchmal andere Typen dabei beobachte, wie sie ihren Blick gar nicht mehr abwenden können, finde ich das echt daneben.

Das sagt der Philosoph

Oft ist in der Philosophie von »dem Menschen« die Rede. Was angesichts dieses vereinfachenden Singulars jedoch nicht übersehen werden darf, ist, dass es »den Menschen« immer nur als konkrete Person mit einer ethnischen Zugehörigkeit, einem spezifischen Lebensalter und einem bestimmten Geschlecht gibt. Die Geschlechterdifferenz ist aber nicht nur eine anthropologische Gegebenheit, sondern auch eine aufregende Tatsache, die unsere Existenz wesentlich prägt. Alle verfügen über eine bestimmte körperliche Ausstattung mit primären und sekundären Geschlechtsmerkmalen, und darüber tragen wir die kulturellen Deutungsmuster für bestimmte soziale Geschlechterrollen.

Wenn wir Menschen treffen, orientieren wir uns neben anderen Aspekten auch immer in Hinblick auf ihr Geschlecht. Dies geschieht meist unbewusst. Nur bei Menschen, die nicht in unser Schema passen, schauen wir ein zweites Mal hin und kommen vielleicht ins Grübeln, weil hier auf interessante Weise das Klischee gebrochen wird. Wir sprechen es wohl nur selten offen aus, aber während unserer Begegnung als Personen entspinnt sich auch ein feines oder manifesteres Spiel von Blicken, die das Geschlecht zum Thema haben. Vielleicht vergleicht man sich mit anderen oder sondiert die sexuelle Attraktivität des Gegenübers. Dies findet oft ohne unser Zutun statt und ist ein Grundmodus unserer leiblichen Existenz, etwa wie das Suchen nach einem möglichen Unterschlupf bei Bedrohungen.

Im Unterschied zu tierischem Sexualverhalten, das durch Schlüsselreize und Instinkthandlungen organisiert ist, folgt beim Menschen nicht automatisch ein Bioprogramm, sondern die geschlechtliche Datenlage wird unserer Freiheit vorgelegt. Sie hat zu entscheiden, ob und in welcher Form wir auf die sexuelle Präsenz des anderen reagieren. Um es am konkreten Beispiel zu erläutern: Dass uns ein pralles Dekolleté (wie bei Maja) ins Auge springt, ist keine Folge unserer Entscheidung und deshalb auch nicht moralisch als gut oder böse zu beurteilen. Verantwortlich sind wir nur für Handlungen, bei denen wir auch eine Wahl haben. Und genau diese Wahl haben wir, wenn wir entscheiden, wie wir uns – in diesem Fall als heterosexueller Mann – zu diesem reizvollen Anblick verhalten.

Hier gibt es ein breites Spektrum möglicher Blickweisen. Der Reichtum unserer Sprache zeigt an, wie viele Nuancen es eigentlich gibt. Ich kann glotzen, gaffen, stieren, anstaunen, beobachten, taxieren, einen Blick riskieren, den Blick senken, anschauen, untersuchen usf. All diesen Formulierungen entsprechen Grundhaltungen, die der Betrachter zu der Frau, die ihm gegenübersteht, einnehmen kann. Von einem Gynäkologen oder plastischen Chirurgen erwarten wir aufgrund seiner Profession, dass er die Brust der Frau neutral untersucht. Wenn dagegen der Liebespartner so mit ihr umginge, wäre es genauso befremdlich, wie wenn sie der Arzt nicht untersuchen, sondern hemmungslos begaffen würde.

Wenn es aber eine Vielzahl möglicher Blickweisen gibt, zwischen denen wir uns entscheiden können, dann ist es ganz grundsätzlich auch eine Frage der Verantwortung, ob und wie wir uns jemandem mit Blicken nähern. Denn auf der einen Seite steht das männliche Bedürfnis nach einem attraktiven Anblick, auf der anderen Seite das wesentlich höher zu bewertende Bedürfnis der Frau, nicht zum bloßen Schauobjekt herabgewürdigt zu werden. Schließlich will jede selbst darüber entscheiden, was sie zeigt oder verbirgt. Vielleicht ist dieser Widerstreit durch folgende Überlegungen aufzulösen. Zunächst sollte dem Mann klar sein, dass er nicht *etwas*, sondern *jemanden* anblickt, kein Ding, sondern eine weibliche

Person, die den Blick physisch spürt, sei es als demütigend oder stimulierend, die den Blick empört zurückweisen oder auffordernd erwidern kann. Ein Blick, der zum Zweck der eigenen Lust aus einer Person ein begaffbares Objekt macht, ist moralisch nicht zu rechtfertigen, denn er trägt Züge von Gewalt, weil er der Frau ihre Personalität abspricht. Dieser gewalthafte Zug des sexuell interessierten Blicks tritt besonders dann hervor, wenn die beteiligten Frauen sich der Situation nicht entziehen können, weil sie in einem Abhängigkeitsverhältnis zu den gaffenden Männern stehen, wie etwa Schülerinnen gegenüber ihren Lehrern.

Es ist aber etwas grundlegend anderes, wenn sich zwischen gleichberechtigten Personen ein feines Spiel von behutsamen Blicken entspinnt, die diskret, kurz und respektvoll sind. Durch die Wahl ihrer Garderobe oder Körperhaltung kann die Frau dabei selbst die Spielräume abstecken, sich als Mitspielerin zu erkennen geben oder begehrlichen Blicken eine klare Absage erteilen. Die Schlussfolgerung, dass ein tieferer Ausschnitt einer Aufforderung zum Gaffen gleichkommt, ist ebenso krank wie der Gedanke, dass Frauen mit Miniröcken selbst schuld daran sind, wenn sie vergewaltigt werden. Solange also die Blickbeziehung den Charakter eines Spiels hat, dem alle Beteiligten zustimmen können, darf Mann erhaschen, was sich ihm darbietet. Sobald er jedoch in den Augen der Frau in irgendeiner Form aufdringlich, nötigend oder übergriffig agiert, ist sein Verhalten inakzeptabel.

Darf ich Geschichten, die ich erlebt habe, zur allgemeinen Erheiterung künstlich aufbauschen?

Gebannt hängt die Runde an Akims Lippen: »Und dann – zack – steht plötzlich Jara vor mir. Wie aus dem Nichts. Und ich so: ›Äh, hallo. Mensch, schön, dich zu sehen!‹ Da ging mir aber die Düse, sag ich euch. Ausgerechnet Jara, mit der hatte ich mal so gar nicht gerechnet.«

Jara ist Akims Exfreundin, und zugegebenermaßen findet er sie immer noch verdammt heiß. Lässt er sich aber natürlich nicht anmerken, zumindest versucht er es. Wenn Akim ganz ehrlich ist, stand Jara auch nicht einfach so – zack – vor ihm. In Wahrheit hatte er sie schon durchs Fenster der Kneipe beobachtet und den Laden mit Absicht geentert. Nur um so zu tun, als ob er sie gar nicht bemerkt hätte. Aber das zu erzählen ist natürlich ein bisschen unspektakulär.

Eyleen reißt ihn aus seinen Gedanken: »Ja, und? Mit wem war sie da?«

So etwas kann auch nur eine Frau fragen, denkt Akim. Immerhin, seine Geschichte findet Anklang. Also weiter im Text: »Natürlich mit ihrem neuen Lover, Leon, dem Szene-Anwalt. Ich komm da immer noch nicht drüber weg, dass die auf den Typen steht. Dieser geleckte Spießer. Aber egal, ich dachte, wo Jara schon mal da ist, können wir ja gemütlich ein Bierchen trinken und kurz über alte Zeiten plaudern. Super-Leon war eh grad mal für kleine Königstiger. Und ich frag sie so, ob ich ihr ein Bier mitbringen soll, und sie so: ›Nee, lieber ne Apfelschorle.‹ Ohne Witz, ich dachte erst, die will mich verscheißern.« Kunstpause. Denn langsam nähert sich Akims Geschichte ihrem Höhepunkt. Da will er die Spannung natürlich noch ein bisschen aufrechterhalten. Auch wenn augenscheinlich einigen Anwesenden bereits dämmert, worauf das Ganze hinausläuft. »Ich hab mir natürlich nichts dabei gedacht, ich fand das nur komisch.« Akim blickt der Situation angemessen ratlos in die Runde. In Wirklichkeit hat er sich natürlich sehr wohl was dabei gedacht. Aber dann wäre ja jetzt die Geschichte zu Ende. Und die Aufmerksamkeit seiner Freunde gefällt ihm gerade doch ganz gut. »Also ich an die Bar, ein Bier und eine Apfelschorle bestellt, und als ich mich wieder zu Jara umdrehe, steht der schnöselige Schlipsträger neben ihr, hält sie triumphierend im Arm und streichelt ihren Bauch. Ich sag euch, ich hätte fast mein Bier fallen lassen. Und dann hab ich ganz kurz überlegt, ob ich ihm eine reinhaue.« Akim spielt die Szene perfekt nach, gibt den schnöseligen Leon, der Jaras Bauch streichelt, und sein schockiertes Situations-Alter-Ego.

Die Geschichte verfehlt ihre Wirkung nicht. »Nicht im Ernst!?«, entfährt es Eyleen ungläubig. Und auch der Rest seiner Freunde scheint angemessen überrascht.

Akim nickt verschwörerisch in die Runde: »Krass, oder? Die sind erst fünf Monate zusammen. Und mir erzählt sie noch, Kinder könne sie sich frühestens in vier bis fünf Jahren vorstellen.«

Sofort befleißigen sich Akims Freunde, ihr Erstaunen, Entsetzen und ihren Zuspruch zum Ausdruck zu bringen. Iwan klopft ihm freundschaftlich auf die Schultern, und Josch beeilt sich, ein neues Bier zu bestellen. Obwohl Akim die Szenerie sichtlich genießt, ist ihm das plötzlich ausgebrochene Buhei auch ein bisschen unangenehm. Denn wenn er ganz ehrlich ist, hat er hier und da natürlich ein bisschen an der

Geschichte geschraubt. Dass Jara schwanger ist, hatte er gerüchteweise schon vorher gehört, das kam also gar nicht sooo überraschend. Aber eine gute Geschichte braucht halt auch einen Spannungsbogen. Schließlich will niemand seine Freunde mit lahmen Storys langweilen. Mit einer derartigen Welle des Zuspruchs hatte er natürlich nicht gerechnet. Also doch alles ein bisschen zu dick aufgetragen? Hätte er die lahme Version erzählen müssen?

So entscheidet der Freundeskreis

→ JA-Sager
Gemma (20): Ist okay. Da zeigt man, dass man Grips hat und auch noch ein bisschen was dazudichten kann.
Metin (27): Also, wenn es der Pointe oder der Theatralik dienlich ist, gerne.
Deniz (19): Ich glaube, das tun ganz viele Leute und geben es gar nicht zu. Das ist wahrscheinlich ziemlich menschlich.
Jessy (24): Kann ich mich nicht von freisprechen, dass ich es noch nicht gemacht habe.

← NEIN-Sager
Kilian (30): Im Prinzip ist es lügen.
Rebeka (25): Wenn ich erfundene Geschichten will, gucke ich Soaps. Bei Freunden find ich das daneben.
Sandra (28): Nee, finde ich überhaupt nicht in Ordnung.

↔ JEIN-Sager
Kira (23): Also eine Geschichte erfinden, um sich wichtigzumachen, ist natürlich nicht schick. Aber hier und da ein bisschen schrauben? Schon okay.

Das sagt der Philosoph

Menschen lieben Geschichten. Ob mythische Erzählungen am urzeitlichen Lagerfeuer, Einschlafmärchen im Kinderzimmer, die biedere Arztserie im Fernsehen oder die Anekdoten in geselliger Runde, Geschichten befeuern unsere Fantasie, bedienen unsere Sehnsüchte, kitzeln unsere Ängstlichkeit, und vor allem, wenn sie gut erzählt sind, unterhalten sie uns. Genau da aber liegt das Problem, denn die Kunst des Erzählens ist nicht allen Menschen gleichermaßen gegeben. Viele erzählen langatmig, kommen vom »Hölzchen aufs Stöckchen« und fordern den Zuhörern viel Geduld und Höflichkeit ab. Andere nutzen die Story nur als Vorwand für Selbstinszenierungen, und man fühlt sich als Publikum missbraucht. Im schlimmsten Falle verheddert sich der Erzähler selbst so heillos in den Fäden seiner Geschichte, dass man schon fast Mitleid mit ihm hat. Und dann gibt es noch die geborenen Erzähler, an deren Lippen wir hängen, nicht nur, weil wir wissen wollen, wie es weitergeht, sondern weil sie die Dinge in ein sprachliches Gewand kleiden, das uns in seinen Bann zieht. Es ist ein ausgesprochener Glücksfall, einen solchen Menschen zu seinen Freunden zählen zu dürfen. Eine heikle Konstellation ergibt sich, wenn zwei Erzähler versuchen, ein gemeinsames Erlebnis zu erzählen. Besonders Paare geraten sich bei dieser Gelegenheit gerne in die Haare, wenn sie um Redeanteile und die Darstellungshoheit des letzten Mallorca-Urlaubs zanken. Für die geplagten Zuhörer ergibt sich der Unterhaltungswert dann weniger aus der Geschichte selbst als aus dem Beziehungsspektakel, das zur Aufführung gebracht wird.

Das Erzählen kann aber nicht nur am mangelnden Talent des Erzählers oder an zu viel Konkurrenz scheitern, sondern auch an Klugscheißern im Publikum, die so etwas Lästiges wie die Wahrheit in Anschlag bringen. Wo liegt die Grenze zwischen Aufbauschen und Lügen? Darf ich durch Ausschmückungen und Übertreibungen meiner Geschichte die erzählerische Würze geben oder muss ich mich immer exakt an die wahren Begebenheiten halten? Dafür spricht, dass die Grenze zwischen Übertreibung und Verfälschung schwer zu ziehen ist. Es kann also geschehen, dass aus erzählerischen Kunstgriffen Missverständnisse, Täuschungen oder gar Verleumdungen und Diffamierungen erwachsen. Sollte es dann unter Menschen mit gehobenen ethischen Ansprüchen nicht verboten sein, sich ausgeschmückte Geschichten zu erzählen? Eine amüsante Vorstellung: Gut- und Bessermenschen sitzen mit ihrem Mineralwasser in nüchterner Runde und geben einander Tatsachenberichte zu Protokoll. Sicherheitshalber hat man die Erzähler zuvor vereidigt und bei Strafe darauf eingeschworen, nichts als die Wahrheit zu sagen.

Glücklicherweise sind Kneipenrunden bisher keine Gerichtsverhandlungen, die der Wahrheitssuche verpflichtet sind, und aus philosophischer Sicht gibt es auch keinen Grund, daran etwas zu ändern. Aber wie kann das sein? Müssen Philosophen als Freunde der Weisheit nicht zwangsläufig auch Anwälte der Wahrheit sein? Das Kriterium der Wahrheit im engeren Sinne wird vor allem an Aussagen angelegt, die sich beschreibend auf die Wirklichkeit beziehen. Wenn ich behaupte, dass der Stuhl fünf Beine habe, dann kann mir ein anderer mit Blick auf denselben Stuhl nachweisen, dass dieser nur vier Beine hat. Wenn ich einen Mord begangen habe, spreche ich die Unwahrheit, wenn ich leugne, am Tatort gewesen zu sein.

Natürlich ist die Frage nach der Wahrheit in der Philosophie viel verzwickter, als es die einfachen Beispiele vermuten lassen. Entscheidend ist für das Problem der gewürzten Erzählung, dass Wahrheit zwar ein wesentliches Kriterium für

Erkenntnis ist, aber nicht für den Bereich der Unterhaltung, der den Regeln der Ästhetik folgt. Keiner käme auf die Idee, van Gogh der Lüge zu bezichtigen, weil die Farben seiner Bilder übertrieben intensiv sind, oder Salvador Dalí, weil Uhren gar nicht schmelzen können wie ein Camembert. Auch Walt Disney wirft niemand vor, dass er in seinen Filmen die Lüge verbreitet, Mäuse und Enten könnten sprechen. Wer also dem übersprudelnden Erzähler Übertreibungen vorwirft, verkennt die Lage: Hier wird nicht erzählt, um eine Erkenntnis über die Wirklichkeit zu vermitteln, sondern um durch das Spiel der Worte gemeinsam eine vergnügliche Zeit zu verbringen. Der großzügige Umgang mit den Fakten dient also nicht der Täuschung der Zuhörer, sondern bloß der künstlerischen Ausgestaltung der Geschichte. Der Erzähler gibt sich noch nicht einmal die Mühe zu verbergen, dass er übertreibt. Im Gegenteil: Er lädt alle anderen ein, die Goldwaage beiseitezulegen und sich in eine spielerische Komplizenschaft mit der bewussten Täuschung zu begeben.

Deshalb im Namen eines erfüllenden Lebens: Eine Erzählung ohne Übertreibungen ist wie eine ungewürzte Speise!

Happy Family

Ist es okay, auch als Erwachsener noch ständig seine Eltern einzuspannen, wenn es ein Problem gibt?

»Meine Mutter freut sich, wenn sie mir die Wäsche machen kann«, sagt Erik zu Nadine, als er ihren skeptischen Blick auf den Wäschesack sieht, den er zur U-Bahn schleift.

»Das glaubst du doch selbst nicht, Erik. Du beutest deine arme Mama einfach nur aus. Da wird mir echt schlecht bei der Nummer.«

»Ach komm«, startet Erik seine Rechtfertigung, »das Ganze hat doch was Gutes. Ich schaue einmal die Woche bei ihr vorbei, trink 'nen Kaffee und esse ein Stück Kuchen mit ihr. Sie erzählt mir ihre Geschichten. Und wenn ich das nächste Mal komme, sind die T-Shirts wieder wie neu. Das bekommt auch nur meine Mama so hin.«

Nadine winkt ab. Heute hat sie nicht die Energie, Erik zum wiederholten Mal zu erklären, dass es einfach uncool ist, ständig seine Eltern einzuspannen. »Was machst du am Wochenende? Wollen wir was zusammen unternehmen?«, fragt sie stattdessen.

Erik schüttelt den Kopf: »Wochenende ist schlecht. Da bekomme ich meinen neuen Schrank geliefert. Und der muss dann ja zusammengebaut werden.«

Nadine: »Ich kann dir helfen, wenn du möchtest. Allein aufbauen ist ja doof.«

Erik: »Das ist lieb. Aber ich bin gar nicht allein. Mein Vater kommt und hilft. Der hat echt ein Händchen für so was.«

»Das ist jetzt nicht dein Ernst, oder? Was machen deine Eltern eigentlich noch alles für dich? Wahrscheinlich schreiben die sogar deine Hausarbeiten. Ich finde das wirklich krass.«

»Was soll denn das jetzt, Nadine? Ist doch total nett, dass mein Vater mir hilft. Und wo liegt denn der Unterschied, ob er mir hilft, oder ob du vorbeikommst, um zu helfen? Dann mache ich es doch auch nicht selbstständiger?«

»Ich finde schon, dass es einen Unterschied macht. Du bist 25 Jahre alt, und bei jedem Pups kommen Mami und Papi angerannt und greifen dir unter die Arme.«

Jetzt wird Erik stinkig: »Ich glaube, du bist nur sauer, weil dir deine Eltern nie helfen.«

Ups, das war unter der Gürtellinie. Aber er hat doch recht, oder?

Nadine zieht gekränkt ab. Und Erik fühlt sich schäbig. Aber warum muss sie auch immer rumnerven. Klar ist sie die tolle Selbstständige und er eher das Muttersöhnchen. Aber Muttersöhnchen sein hat viel Schönes. Und Nadine musste halt immer selbstständig sein, weil sich ihre Eltern wirklich einen Scheiß um ihre Tochter kümmern. Das hat Erik oft genug mitbekommen. Aber deshalb ist doch nix an seinem Lebenskonzept zu bekritteln. Er hat das große Glück, ganz wunderbare und fürsorgliche Eltern zu besitzen. Eltern, die für ihn alles machen würden. Eltern, die auch wirklich fast alles für ihn machen! Denen er auch sehr dankbar ist, dass sie ihm regelmäßig was zu seinem Studium zuschießen. Aber lernen und nebenbei Kohle ranschaffen würde er auch echt nicht auf die Reihe bekommen. Außerdem – was soll das ganze Hin und Her? Er ist doch niemandem Rechenschaft schuldig. Er macht es nun mal so, und Nadine macht es halt anders. Daran ist doch nichts Verwerfliches?

So entscheidet der Freundeskreis

JA-Sager →

Layla (19): Dafür ist doch Familie da. Also, dass man sich gegenseitig hilft. Ich finde, das hat nichts mit Ausbeuten zu tun.

Konrad (24): Wenn mir meine Eltern ein bisschen Geld geben würden, hätte ich nix gegen. Leider sind die eher geizig.

Imke (20): Meine Eltern unterstützen mich noch mit dem Studium und so weiter. Und ich unterstütze sie ja auch in den Dingen, die ich machen kann. Das ist ein Geben und Nehmen.

NEIN-Sager ←

Frank (34): Ich habe ganz früh auf eigenen Beinen gestanden und finde das eigentlich auch sinniger. Damit man einfach lernt, selber im Leben klarzukommen.

Anne (31): Im Normalfall würde ich meine Eltern nicht um Hilfe fragen. Gerade wenn es um Geld geht. Die haben 18 Jahre lang für mich gezahlt. Und irgendwann ist dann auch mal Sendepause.

Das sagt der Philosoph

»Blut ist dicker als Wasser«, sagt der Volksmund und meint wohl damit, dass man sich, wenn es darauf ankommt, wohl eher auf die Familie verlassen kann als auf Freunde. Natürlich steckt in jedem Sinnspruch ein Fünkchen Wahrheit, auch in einem, der genau das Gegenteil behauptet: »Familie ist da, wo es wehtut!«

Im 21. Jahrhundert ist die klassische ortsgebundene Abstammungsfamilie nicht mehr der Normalfall, sodass man Hilfe und seelische Verwundungen an anderer Stelle suchen und finden muss. Psychologen klagen schon darüber, dass die letzte Generation von Vätern nicht mal mehr Manns genug war, ihren Söhnen einen anständigen Ödipuskomplex einzuimpfen. Umso schöner ist es, wenn Kinder bis in ihr Erwachsenenalter eine innige Beziehung zu ihren Eltern pflegen. Es ist ein gutes Gefühl, dass es immer jemanden gibt, der einen in Lebenskrisen auffängt. Und auch die Eltern schätzen es, wenn sie noch mit Rat und Tat gefragt sind. Dies kann etwas sehr Kostbares sein, zumal alle wissen, dass dieses Verhältnis nicht von Dauer sein kann. Irgendwann werden die Eltern selbst hilfsbedürftig sein, und die Kinder müssen – wohl oder übel – dann auf eigenen Beinen stehen. Gibt es aber ein Kriterium dafür, wann es legitim ist, die Hilfe seiner Eltern in Anspruch zu nehmen?

Problematisch wird es dann, wenn Kinder die Gutmütigkeit ihrer Eltern ausnutzen nach dem Motto: »Stell dich dumm, dann geht's dir gut!« Hier wird die eigene Ungeschicklichkeit zum Instrument gemacht, um andere für sich einzuspannen. Immanuel Kant (1724–1804) formulierte seinen Kategorischen Imperativ in verschiedenen Varianten. In der sogenannten Menschheitsformel fordert er, dass man den anderen nie als bloßes Mittel missbrauchen soll. Menschen sind keine Objekte, die ich je nach Belieben für meine Ziele einsetzen darf, sondern Subjekte mit einem eigenen Willen, der nicht manipulativ oder gewaltsam übergangen werden sollte. Helfen die Eltern aus freien Stücken, spricht nichts dagegen. Sind sie ›Opfer‹ seelischer Nötigung, wird es problematisch. Hinzu kommt ein weiteres Kriterium: Hilfe macht hilflos! Überlasse ich Dinge meinen Eltern aus Scheu vor der Selbstständigkeit, versäume ich eine Gelegenheit, an einer neuen Situation zu wachsen. Schon im Montessori-Kindergarten heißt es: »Hilf mir, es selbst zu tun!« Unterstützung und Zutrauen seitens der Erwachsenen macht Kinder stark,

Überbehüten und Verwöhnen hält sie in einer Rolle der Ohnmacht fest.

Aus Gründen der Bequemlichkeit noch als Erwachsener seine Eltern für sich schuften zu lassen, verbietet sich also. Gleichwohl gibt es andere Gründe, die elterliche Hilfe zu einer kostbaren Erfahrung machen können. Wenn es nämlich nicht ausschließlich oder noch nicht mal in erster Linie um die möglichst effiziente Erledigung einer Aufgabe, sondern um die Verwirklichung einer Beziehung geht. In vielen Familien gibt es kleine Rituale, die bis ins Erwachsenenalter der Kinder fortgeführt werden. Manchmal bedeuten sie eine grausame Unterwerfung unter eingefahrene Rollenmuster (vgl. »Darf ich mir eine Ausrede ausdenken, um Weihnachten nicht mit der Familie feiern zu müssen?«, S. 171 ff.), manchmal sind sie symbolische Handlungen, in denen eine tiefe Verbundenheit durch eine gemeinsame Geschichte im Wandel der Lebensstationen erfahrbar wird. Auch das Ritual des Hilfesuchens in bestimmten Dingen kann dazugehören, sodass die Mutter vielleicht sogar beleidigt wäre, wenn man auf ihre Unterstützung bei der Steuererklärung verzichten würde, oder der Vater, wenn die Renovierung der neuen Wohnung ohne ihn stattfände.

Zusammengefasst: Das Anfordern von elterlichen Dienstleistungen aus egoistischen Gründen ist nicht legitim, die Bitte um Hilfe vor dem Hintergrund der gemeinsamen Lebensgeschichte dagegen schon.

Muss ich die Ausbildungswünsche meiner Eltern berücksichtigen, wenn sie die Ausbildung finanzieren sollen/müssen?

»Und ich sage dir, du machst zuerst eine Ausbildung!« Stille. Der Satz seines Vaters hallt in Jochens Kopf wider wie ein dumpfes Echo. Die Halsschlagader pocht immer noch – gut, dass nur die Tür ins Schloss gekracht ist. Und wo sind eigentlich diese verdammten Laufsachen? Erst mal abreagieren und frische Luft schnappen. Wortlos stapft Jochen durch den Flur, schlüpft mit einem unverständlichen Grummeln in seine Turnschuhe und zieht die Tür leise ins Schloss. Es dauert locker zehn Minuten, bis er aufhört, vor Wut zu schäumen, und in einen regelmäßigen Laufrhythmus fällt. Aber jetzt geht's wieder ein bisschen besser.

Immer diese Drecksdiskussionen um seine Ausbildung. Ist doch seine Sache, wenn er studieren will. Wozu wird man eigentlich volljährig? Um sich weiter vorschreiben zu lassen, was man zu tun und zu lassen hat? Sicher nicht! »Scheiße«, flucht Jochen, als er merkt, dass seine Wut ihn aus dem Tritt bringt – Seitenstechen. Er drückt sich die Hand in die Seite und verpasst der alten Eiche am Wegesrand erst mal einen ordentlichen Kick. »Fuck!«, jetzt tut auch noch der Fuß weh … Die alte Eiche nimmt es mit Gelassenheit. »Ja, du hast keine Probleme«, murrt Jochen, »du stehst hier einfach nur rum und lässt dich durch nichts aus der Ruhe bringen.« Vielleicht war die Taktik gar nicht so schlecht. Wobei, eigentlich macht es mein Vater ja nicht anders, denkt Jochen. Der hat seinen

Standpunkt, und egal wie ich tobe, er weicht nicht einen Millimeter davon ab. Unfair ist das – und wie.

Als der Fuß aufhört zu schmerzen, setzt sich Jochen wieder langsam in Gang. Wieso ist sein Vater eigentlich so stur? Gut, wenn er studiert, kann er natürlich nicht mehr zu Hause wohnen. Will er auch eigentlich gar nicht. Aber irgendwer muss ja dann auch den ganzen Kram bezahlen, von wegen Wohnung und so. Und die Immatrikulationsgebühren. Klar, nebenbei arbeiten ginge natürlich auch. Aber dann dauert's mit dem Studieren ja noch länger. »Ätzend, echt«, hört sich Jochen laut sagen.

Auf der anderen Seite: Hat er nicht ein Recht darauf, dass ihm seine Eltern seine Ausbildung bezahlen? Es gibt Eltern, die würden sich wünschen, dass ihre Kinder studieren. Wieso soll jetzt ausgerechnet er ein schlechtes Gewissen haben? Bankkaufmann, das könnte dem so passen. Pah! Schön im Schlips, billigen Anzug und lackierten Schnöselschuhen die Scheinchen hinterm Tresen zählen. »Da hat man was Solides.« Solide, wer will schon solide sein? Wie langweilig.

Aber jetzt einfach auf den Tisch hauen und sagen: Tut mir leid, Papa, aber wenn ich studieren will, musst du das zahlen, ob du willst oder nicht?

So entscheidet der Freundeskreis

JA-Sager

Sara (21): Also ich finde, dass Eltern da schon mitreden dürfen, wenn sie das Ganze sponsorn müssen.

Nils (28): Na klar. Wenn die Eltern das bezahlen, dann haben die auch ein Wörtchen mitzureden.

← NEIN-Sager
Ilka (19): Also, die Eltern sind ja gesetzlich verpflichtet, ihr Kind bei der ersten Ausbildung finanziell zu unterstützen. Und da können die nicht einfach bestimmen, was man macht. Das ist ja Erpressung.

Benjamin (30): Das gab bei mir damals auch Streit, aber ich hab mich durchgesetzt, und meine Eltern fanden im Nachhinein auch gut, was ich gemacht hab. Heute ist denen klar, dass ich nicht glücklich geworden wäre, wenn ich ihren Vorstellungen gefolgt wäre.

Christine (25): Das geht gar nicht, wenn Eltern einem vorschreiben, was man werden soll. Wir sind ja nicht mehr im Mittelalter.

↔ JEIN-Sager
Lena (32): Sagen wir mal so: Man sollte schon versuchen, die Wünsche der Eltern zu respektieren, wenn die schon die Ausbildung finanzieren. Aber bestimmen können die nicht. Das ging vielleicht früher mal, aber heute sollte doch jeder selber aussuchen können, was er im Leben so macht.

Daniel (23): Ich würde mir auf jeden Fall anhören, was meine Eltern zu sagen haben. Und vielleicht findet man da ja 'ne Lösung. Aber wenn ich was ganz anderes machen wollte, dann würde mir es sicher schwerfallen, mich nach meinen Eltern zu richten, selbst, wenn die das Ganze zahlen würden.

Das sagt der Philosoph

Das Verhältnis von Eltern zu ihren Kindern ist durch eine ›eingebaute‹ Herausforderung bestimmt, die zwangsläufig zu Konflikten führen muss: Anfänglich ist das Kind in jeder Hinsicht auf die Fürsorge des Erwachsenen angewiesen. Die Eltern haben hier die umfassende Verantwortung, für das leibliche und seelische Wohl des Kindes zu sorgen. Dabei müssen sie, solange das Kind es selbst noch nicht kann, Entscheidungen treffen und möglicherweise sogar Zwang gegen das Kind ausüben, um es vor sich selbst zu schützen. Wenn ein Kleinkind auf die viel befahrene Straße laufen möchte, müssen es die Eltern daran hindern. Der Zwang ist aber nur dann gerechtfertigt, wenn er die gesunde und glückliche Zukunft des Kindes ermöglicht. Er ist dann illegitim, wenn es nur um die Verwirklichung der Wünsche und Bedürfnisse der Eltern geht. Zwischen beidem ist auch bei bestem Willen nicht leicht zu unterscheiden. Ein Prüfstein wäre die Frage: Hätte das Kind, wenn es jetzt schon erwachsen wäre, dieselbe Entscheidung getroffen?

Durch das Wachstum und die seelische Reife wandelt sich das Verhältnis zwischen Kind und Eltern und muss eines Tages zwangsläufig in ein gleichberechtigtes übergehen. Denn genau das ist ja das Ziel aller Anstrengungen, dass Kinder auf eigenen Füßen stehen. Die Kehrseite der Selbstbestimmung ist die Pflicht, sein Leben aus eigener Kraft zu bestreiten. Was theoretisch relativ übersichtlich erscheint, ist praktisch der Stoff zu alltäglichen Beziehungskonflikten in der ganzen Bandbreite von der Komödie des ewigen Muttersöhnchens bis hin zu Tragödien, die daraus entstehen, dass Eltern nicht loslassen können und in Beruf und Partnerschaft hineinregieren wollen.

Das alles wäre weniger verworren, wenn mit dem Übergang zum Erwachsenenleben auch schon die ökonomische Unabhängigkeit von den Eltern gegeben wäre. Die Gesetzgebung regelt diesen Aspekt im Unterhaltsrecht, aber wer will schon seine Eltern verklagen. So entstehen Situationen wie im genannten Beispiel, dass die Kinder zwar ihre Freiheit reklamieren, aber nicht finanzieren können. Philosophisch sticht dasselbe Argument wie bei der Anwesenheitspflicht an Weihnachtsfeiertagen (vgl. »Darf ich mir eine Ausrede ausdenken, um Weihnachten nicht mit der Familie feiern zu müssen?«, S. 171 ff.). Mit der Entscheidung, ein Kind zu zeugen, sagen die Eltern Ja zu allen Verpflichtungen, das Kind ins Erwachsenenleben im Rahmen ihrer ökonomischen Möglichkeiten und der bestehenden rechtlichen Regelungen zu begleiten. Aus der Pflicht, eine Ausbildung zu finanzieren, folgt kein Recht, die Art der Ausbildung zu bestimmen. Der junge Erwachsene weiß am besten, ob der gewählte Beruf seinen Neigungen entspricht und welche soziale Stellung er für sein Lebensglück anpeilen möchte. Auch wenn also die Sorge der Eltern legitim ist, müssen diese anerkennen, dass die Zeiten der Fürsorge vorbei sind. Wenn sie ehrlich zu sich selbst sind, müssen sie schließlich zugeben, dass sie auch auf ihre eigenen Pläne für die Kinder keine Garantie auf Lebensglück ausstellen können.

Wenn Jochens Eltern es sich also leisten können, ihn bei der Finanzierung seines Studiums zu unterstützen, müssen sie es wohl oder übel tun. Und wenn Jochen am Ende erkennt, dass ihm die Sicherheit hinter dem Banktresen doch lieber gewesen wäre, muss er wohl zähneknirschend eingestehen, dass sein Vater recht hatte. Aber das bleibt ja abzuwarten.

Darf ich geschenkte Sachen an Freunde weiterverkaufen?

Manchmal hat Simon den Eindruck, die weiblichen Mitglieder seiner Familie würden sich ein Geschenke-Gen teilen. Egal zu welcher Gelegenheit – Weihnachten, Ostern, Geburtstage –, es vergeht keine Feierlichkeit ohne doppelte Geschenke. Inzwischen ist das Highlight nicht mehr die Freude im Gesicht des Beschenkten. Nein, vielmehr wird mit Pokerface in die Runde gestarrt. Während Simon in freudiger Erwartung seine Geschenke auspackt, ist es mucksmäuschenstill. Mit erfrorenem Grinsen starren seine Mutter, seine Schwester und seine Oma abwechselnd auf ihn, seine Geschenke und in die Augen der anderen. Die Luft knistert, und wenn man genau hinhört, spielt irgendwo im Hintergrund das Lied vom Tod. Wer lässt zuerst die Maske fallen? In wessen Augen blitzt zuerst die Enttäuschung auf? Wer hat diesmal das doppelte Geschenk mitgebracht?

Dabei wäre es so einfach, diese Situation zu vermeiden. Absprache heißt das Zauberwort. Simon kann gar nicht mehr zählen, wie oft er versucht hat, das den drei Damen zu erklären. Die zeigen sich jedoch gänzlich uneinsichtig – und jedes Jahr aufs Neue überrascht und enttäuscht, dass eine andere diese einzigartige und absolut geniale Geschenkidee ebenfalls hatte.

Glücklicherweise ist Simon dieser Front geschenkwütiger Frauen nicht allein ausgeliefert. Immerhin ist da ja noch sein Vater. Der hätte inzwischen neben einem Oscar auch einen Stern auf dem Hollywood Boulevard verdient. Über die glaubwürdig gespielte Überraschung bei jeder Geschenkdopplung lacht Simon sich jedes Mal halb tot. Innerlich natürlich, soll ja niemand gekränkt werden. Gekränkte weibliche Familienmitglieder sind noch schlimmer als enttäuschte. Das weiß Simon nur allzu gut. Deshalb wirft ihm sein Vater, der ein überaus perfektes Timing besitzt, natürlich nur hinter dem Rücken der weiblichen Geschenkemacht den ein oder anderen verschwörerischen Blick zu. Doch bei allem Mitgefühl seines Vaters: Das alles ändert nichts daran, dass Simon angesichts der Doppeltgeschenke des Öfteren schwer in der Klemme steckt.

Außer Socken und Unterwäsche gibt es kaum etwas, das er in doppelter Ausführung gebrauchen könnte. An seinem letzten Geburtstag zum Beispiel: Da haben ihm sowohl seine Schwester als auch seine Oma einen Kulturbeutel geschenkt. So einen zum Aufhängen für seine Rucksackreisen. Top Geschenk eigentlich. Aber wer mit dem Rucksack unterwegs ist, weiß: je weniger Gepäck, desto besser. Und kein Mensch auf dieser Welt braucht zwei Kulturbeutel. »Na ja, zumindest kein Mann.«, präzisiert Simon seine Überlegung mit Blick auf seine Schwester. Die im Übrigen in praktischer wie optischer Hinsicht leider die bessere Wahl getroffen hat. Wobei die Variante seiner Oma auch nicht schlecht ist, immerhin handelt es sich um teure Markenware. Nur die Farbe ist nicht so Simons Ding. Dieses Olivgrün erinnert schwer an Bundeswehr. »Das wäre eigentlich perfekt für Timo«, schießt es Simon durch den Kopf. Sein bester Freund hat ein Faible für diese militärischen Flecktarngeschichten.

»Sie gefällt dir nicht.« Autsch, das klingt enttäuscht.

»Doch, Oma, natürlich. Die ist total super. Dann hab ich

jetzt halt zwei, ist doch nicht schlimm. Ich kann sie ja abwechselnd mit auf Reisen nehmen.« Gerade noch die Kurve gekriegt. Simon springt auf und drückt seine Oma liebevoll an sich, um das eben Gesagte wirkungsvoll zu unterstreichen. Simons Vater, der die Gedanken seines Sohnes wie ein offenes Buch liest, presst mit ernstem Blick mühsam die Lippen aufeinander, sonst hätte er laut gelacht. Wenig später ist er wieder Herr seiner Sinne. Gönnerhaft zwinkert er seinem Sohn mit einem stolzen »Das hat er von mir«-Lächeln zu. Oma Hanni scheint die Schmierenkomödie nicht zu bemerken, und wenn doch, dann zeigt sie es zumindest nicht. Sie sitzt zufrieden in ihren Sessel gelehnt und lächelt selig.

Einzig Simons Schwester Neele spitzt kurz die Lippen und bohrt ihm einen verächtlichen »Ich hab dich durchschaut, du Schuft«-Blick in die Seite. Simon zeigt sich gänzlich unberührt von der Szenerie, obwohl ihn dann doch ein bisschen das schlechte Gewissen kneift, weil er gleich so pragmatisch darüber nachgedacht hat, wie er das doppelte Geschenk schnell wieder loswird.

Aber nachdem die Situation jetzt unter Kontrolle ist, kann er sich getrost wieder seinen Gedanken widmen. Wie könnte er wohl am geschicktesten den doppelten Kulturbeutel wieder loswerden? Am besten natürlich gewinnbringend, Weltenbummler sind schließlich chronisch pleite. Und immerhin handelt es sich bei dieser Reisekulturtasche um Markenware. Timo will sich so ein Ding auch schon lange zulegen, und die nächste größere Rucksacktour steht kurz bevor. Aber was für ihn gilt, gilt für Timo leider auch: Kohlemäßig sieht es bei ihm eher finster aus. Die Frage ist also: verschenken oder verkaufen? Wenn er Timo für das Ding zehn Euro weniger abknöpft, als er im Laden zahlen müsste, hätten beide was davon. Auf der anderen Seite ist Timo echt ein guter Freund. Da jetzt Kohle zu nehmen, fühlt sich schon ein bisschen komisch an. Zumal er ja selbst nichts dafür bezahlt hat. Trotzdem hat die Tasche ja ihren Wert. Und wenn er sie einfach im Internet verscherbelt? Dann hätte Timo immer noch keinen Kulturbeutel. Ganz schön knifflige Entscheidung.

So entscheidet der Freundeskreis

→ JA-Sager
Pascal (25): Ich sehe da keine moralische Verwerflichkeit.
Zoran (23): Ich würde das für noch mehr Geld verkaufen, als das normalerweise kostet. Warum nicht?

← NEIN-Sager
Doro (19): Da hätte ich schon ein Problem mit.
Kim (25): Also Geschenke an Freunde verkaufen – ich weiß nicht. Find ich irgendwie daneben.

↔ JEIN-Sager
Natalie (22): Ich würde es jetzt nicht an Freunde verkaufen, aber im Internet versteigern.
Joe (29): Ich hätte kein Problem, das an eine Freundin weiterzuverkaufen. Also nicht für den vollen Preis, aber für ein bisschen weniger.
Bea (30): Ja, eigentlich macht man so was nicht. Aber könnte man schon.

Das sagt der Philosoph

Um die Eingangsfrage hinreichend beantworten zu können, ist es wichtig, auch die soziale Funktion des Schenkens und den ideellen Wert, den wir Geschenken beimessen, zu verstehen. Denn mit einem nüchternen Blick auf die (Un-)Kultur des Schenkens – insbesondere zu Weihnachten – könnte man von einer gewaltigen Zirkulation von Dingen sprechen, die allen Beteiligten einen gewaltigen Stress und dem Einzelhandel erhebliche Gewinne einbringt. Wenn es allein darum ginge, wäre die ganze Schenkerei im Grunde nur ein Problem des Geldbeutels und der Verteilungslogistik. Die Verhältnisse sind allerdings etwas verwickelter, weil das Schenken nicht nur den Austausch von Gegenständen bedeutet, sondern mit den Gegenständen immer auch Beziehungsbotschaften verknüpft sind: Besonders kostbare oder liebevoll ausgewählte Geschenke signalisieren Wertschätzung, wiederkehrende Geschenke verweisen auf eine lange gemeinsame Geschichte, unpersönliche Geschenke können Distanzen betonen usf. Insofern ist die Qual, ein Geschenk auszusuchen, immer auch eine Gelegenheit, darüber nachzudenken, wie es im Moment um die Beziehung zum Beschenkten bestellt ist. Menschen verschwinden von meiner Liste, andere kommen hinzu, manche sind mir fremd geworden, manche plötzlich sehr vertraut. All diese Überlegungen gehen in das Geschenk mit ein, der Gegenstand wird magisch aufgeladen mit meiner Sicht auf die beschenkte Person.

Aufregend ist nun, dass das Geschenk erst im Akt des Schenkens seine eigentliche Bestimmung erreicht. Solange es bei mir in der Schublade liegt, ist es bloß ein verpacktes Ding; in den Händen des Empfängers entfaltet es seine beglückende oder verheerende Wirkung. Hier brechen sich meine Beziehungserwartungen an den harten Klippen des anderen. Habe ich seine Wünsche richtig erraten? Erkennt er die feine Beziehungsbotschaft und fühlt er sich wohl in der Rolle, die ich ihm anbiete? Manche Geschenke bringen Fürsorge zum Ausdruck (warmer Schal), andere laden ein, den Horizont zu erweitern (Feinkostspezialitäten, Konzertkarten), viele wollen den anderen in seiner gegenwärtigen Lebenssituation wertschätzen (Hobbyutensilien). Besonders spannungsvoll sind Geschenke, die ausdrücklich die Beziehung thematisieren, wie beispielsweise Ringe oder gemeinsame Unternehmungen oder Reisen. Die bange Frage, ob denn das Geschenk auch gefällt, ist stets verbunden mit der Sorge, dass die Beziehung von anderer Natur ist, als ich es mir wünsche.

Auch auf dem Beschenkten liegt ein gewaltiger Leistungsdruck. Aus seiner Kinderstube weiß er, dass von ihm erwartet wird, dass er ein gewisses Maß an Euphorie produziert und anschließend eine Dankesformel absondert. Dabei beschleicht ihn die Angst, dass das Geschenk ein Missgriff war und er den Schenkenden durch ausbleibende oder unangemessene Reaktionen verletzen könnte. Ein gescheitertes Geschenk hinterlässt entsprechend kleine oder große Wunden bei allen Beteiligten und gewährt zugleich die Chance, die Enttäuschung als Ende einer Täuschung zu verstehen: Eltern lernen, dass die Kinder nicht mehr auf der Ebene der Fürsorge beschenkt werden wollen, Freunde merken, dass sie sich auseinandergelebt haben, Paare haben die Gelegenheit, ihre Lebensperspektiven miteinander abzugleichen.

Gerade weil das Schenken so ein gefährliches Pflaster ist, neigen Menschen dazu, das Risiko herunterzufahren. Man versichert, dass das Geschenk bei Nichtgefallen umgetauscht werden kann, oder schenkt gleich Geld oder Gutscheine, ohne allerdings zu bemerken, dass natürlich auch diese Geschenke eine Aussage über den Stand der Beziehung machen: »Ich gehe auf Nummer sicher und stehe beim Geschenkeverteilen nicht mit leeren Händen da, aber mit dir als Person will ich mich eigentlich nicht näher auseinandersetzen.« Und so werden alljährlich zu Weihnachten oder an Geburtstagen immer wieder Beziehungsdramen zur Aufführung gebracht, mal zum Schreien komisch und dann zum Weinen peinlich.

Und wenn dann der Vorhang gefallen ist, liegt am nächsten Tag der Gegenstand vor mir und verkörpert vielleicht alle Scham und Peinlichkeit der missratenen Geschenkgeste. Was liegt also näher, als wenigstens den materiellen Wert zu realisieren, insbesondere wenn der »Beziehungswert« im Minusbereich liegt. Formal betrachtet spricht nichts dagegen, da ja eine Schenkung den Beschenkten zum Eigentümer des Geschenkes macht. Was mir gehört, darüber kann ich frei verfügen. Also kann ich es auch weiterverschenken oder verkaufen. Doch so einfach ist es nicht, da am Geschenk immer noch ein Abglanz des Schenkenden aufschimmert. Fühle ich mich dieser Person in Liebe verbunden oder gesellschaftlich verpflichtet, werde ich das Geschenk in Ehren halten. Fühle ich mich durch das Geschenk und den Schenkenden vielleicht sogar vergewaltigt, habe ich keine Scheu, den Spuk zu vertreiben, indem ich es möglichst bald loswerde. Ein generelles moralisches Verbot, Geschenke zu verkaufen, gibt es nicht. Man sollte sich nur im Klaren sein, dass der Schenkende davon erfahren könnte und die Beziehungsbotschaft versteht.

Es kommt also auch ein bisschen darauf an, an wen ich das Geschenk weiterveräußere. Fremde sind dabei recht unproblematisch. Mit ihnen stehe ich schließlich in keinerlei Beziehung. Bei Freunden sollte man jedoch kurz innehalten. Denn hier gerate ich in den Konflikt, dass ich einer vertrauten Person Geld für etwas abnehme, das ich selbst kostenlos erhalten habe. Generell ist das Handeln unter Freunden nicht problematisch, solange die Freundschaft nicht nur vorgegaukelt wird, um gute Geschäfte zu machen. Allerdings legt es der Wert der Freundschaft nahe, auf die Realisierung des finanziellen Gewinns zu verzichten und das doppelte Geschenk einfach weiterzuverschenken, sofern ich nicht in wirklicher Geldnot bin.

Bin ich verpflichtet, meinen Geschwistern aus der Patsche zu helfen, wenn sie sich selbst in die Scheiße reiten?

Aki kneift die Augen fest zusammen. Sie braucht ein paar Sekunden, bis sie das Geräusch zuordnen kann, das sie aus dem Tiefschlaf reißt. Sie tastet auf dem Nachttisch nach ihrem Handy. Das Gebimmel wird lauter. Wo ist das Mistding nur? Sie knipst die Nachttischlampe an, dreht kurz den Kopf weg, weil das Licht noch lauter schreit als das Handy, findet die Quelle des nervtötenden Gebimmels und starrt verschlafen auf das Display: »Sandy? Was ist los? Wo bist du?«

»Oh, sorry, hab ich dich geweckt? Tut mir total leid, echt.« Gut, dass Aki noch immer halb in Schlummerland weilt, sonst wäre sie jetzt glatt ausgeflippt. So was konnte nur von ihrer Schwester kommen. Mitten in der Nacht anrufen und dann fragen, ob sie sie geweckt habe. Noch bevor Aki etwas sagen kann, brabbelt Sandy einfach weiter: »Du, mir ist was total Doofes passiert. Ich war doch heute mit Basti und Iris in dieser neuen Disse. Die wollten aber irgendwie schon super früh nach Hause, und da war dieser Typ. Und, na ja, der war total niedlich, echt, muss ich dir mal erzählen ...«

Aki hält die Augen krampfhaft geschlossen und hofft, dass das alles nur ein blöder Traum ist: »Komm zum Punkt, Sandy, was willst du?« Die Anspannung in Akis Stimme hat nur zum Teil etwas mit der Uhrzeit zu tun.

»Ja, also, ich bin hier mitten in der Pampa, der Typ war einfach plötzlich weg, Basti und Iris natürlich auch, und ich hab genau null Euro im Portemonnaie. Taxi gibt's hier auch keins mehr und keine Ahnung, wo der nächste Geldautomat ist.«

Das ist wieder so eine typische Sandy-Nummer. Sich schön selber in die Scheiße reiten und dann Gott und die Welt in Bewegung setzen, um ihr aus der Patsche zu helfen. »Bist du bescheuert? Wie alt bist du eigentlich? Kannst du nicht ein Mal daran denken, wie du nach Hause kommst, bevor es zu spät ist?« Aki ist klar, dass Vorwürfe hier nicht weiterführen, aber ihre Vernunft tut noch das, was sie selbst gerne tun würde: schlafen.

»Ich weiß ja, und es tut mir auch total leid. Aber der Laden hat zu, und ich muss ja irgendwie nach Hause. Hier ist echt nix. Oder willst du, dass ich per Anhalter fahre?«

Himmel nein! Jetzt kam die Emo-Tour schon wieder. »Nein, ich will nicht, dass du per Anhalter fährst. Ich will, dass du einmal deinen Verstand einschaltest, du blöde Kuh.« Und wieder läuft alles wie immer: Sandy reitet sich in die Scheiße und findet irgendeinen triftigen Grund, warum Aki sie da wieder rausholen muss. »Also, wo genau bist du?«

Während Sandy ihr den Weg zu der 50 Kilometer entfernten Diskothek erklärt, quält sich Aki aus dem Bett. Der Blick auf die Uhr ist wie ein Schlag in die Magengrube: Halb fünf Uhr morgens. In zwei Stunden würde Aki zur Arbeit müssen. Na, herrlich. Duschen würde sie, wenn sie zurück war. Irgendwo auf diesem Stuhl musste doch ihre Jogginghose sein. Aki reißt ihre Klamotten runter und schmeißt sie aufs Bett. Das würde sie vor heute Abend eh nicht mehr sehen.

»Gut, ich fahr jetzt los. Lass dich nicht doof anquatschen, hörst du?«, murrt Aki ins Telefon. Sandys nun folgende Dankeshymne geht ihr einfach nur auf den Keks: »Ja, is gut, ich mach jetzt Schluss. Bis gleich.«

Aki schlurft zur Tür, greift sich den Autoschlüssel und ihre Lieblingsmütze und verlässt die Wohnung. Auf dem Weg zum Auto ist sie abwechselnd wütend auf sich und ihre kleine

Schwester. Warum nur fühlt sie sich immer verpflichtet, Sandy aus der Patsche zu helfen. Sie hätte sie einfach da stehen lassen sollen, allein im Dunkeln und sich selbst überlassen. Dann würde sie vielleicht endlich lernen, dass man sich besser vorher drum kümmert, wie man nach Hause kommt. Das ist ja jetzt nicht das erste Mal, dass Sandy mit so einer Geschichte um die Ecke kommt. Aber wenn ihr jetzt was passiert? Ist ja auch nicht grade ungefährlich, nachts alleine in der Pampa rumzustehen. Und wofür hat man schließlich eine Familie. Seltsamerweise ist Aki selber nur sehr selten auf derartige familiäre Unterstützung angewiesen. Scheiße, jetzt ist eh zu spät, denkt Aki, dreht den Zündschlüssel um und braust in die Nacht.

So entscheidet der Freundeskreis

→ JA-Sager
Steffi (25): Das ist ja grade das Gute an Familie: Da bekommt man auch dann Hilfe, wenn alle anderen einen hängen lassen würden.
Pitt (26): Das kann jedem mal passieren, dass er Scheiße baut. Unter Geschwistern sollte man sich da auf jeden Fall helfen.

← NEIN-Sager
Meral (19): Wer Scheiße baut, kann selber gucken, wie er da rauskommt. Auch unter Geschwistern.
Tarek (23): Nein, niemand muss die Scheiße ausbaden, in die sich andere reinreiten.

↔ JEIN-Sager
Britta (24): Also, solange das jetzt nichts Illegales ist, muss das jeder natürlich selber wissen. Aber Geschwistern hilft man einfach doch noch mal eher.

Das sagt der Philosoph

Geschwisterbeziehungen sind von ganz eigener Qualität: Freunde und Partner kann man sich aussuchen, zu Geschwistern ist man verdammt – allein durch das Faktum, von denselben Eltern abzustammen. So verbringt man viel gemeinsame Zeit in der Kindheit miteinander, und alle erwarten, dass man sich allein schon deshalb ein Leben lang gut versteht und füreinander einsteht. Schon in frühen Jahren bilden sich Grundkonstellationen aus, Rollenverteilungen, für die oft die Erziehung der Eltern verantwortlich ist. Der eine darf sich alles rausnehmen, die andere fühlt sich missverstanden und benachteiligt. Die älteren Geschwister werden oft schon früh zur Verantwortung gezogen und sollen sich um die Jüngeren kümmern, das Nesthäkchen dagegen wird verwöhnt ... So entstehen Eifersucht und Rivalität, aber auch Solidarität und Fürsorge. Wenn es gelingt, dass die Rollenzuweisungen nicht als seelische Zwangsjacken die Entwicklung der Einzelnen und der ganzen Familie lähmen, dann kann aus der Geschwisterkonstellation ein kostbares Netz werden, in dem man sich wechselseitig auffängt.

Wenn aber die familiären Rollenmuster und die damit verbundenen seelischen Verwundungen unangetastet bleiben, dann kann es vorkommen, dass bis ins Erwachsenenalter hinein ›kindisches‹ Verhalten gegenüber den eigenen Geschwistern an den Tag gelegt wird. Das ist mitunter amüsant, bisweilen nervig, in einigen Fällen kann es sogar krank machen, wenn sich die Kinder nicht vom familiären Rollenspiel emanzipieren können. Wenn es z. B. starke Konflikte in der Ehe der Eltern gibt, fühlen sich manche Geschwister verantwortlich und sehen ihre besondere Aufgabe darin, die Familie zu retten. Dabei stellen sie ihre eigenen Bedürfnisse bis hin zur Selbstverleugnung zurück. Hat man erst einmal diese Rolle angenommen, meinen alle anderen Geschwister und sogar die Eltern, sie könnten nach Belieben emotionalen Schaden anrichten, es gibt ja jemanden, der alles wieder zusammenkehrt und kittet. Im Grunde handelt es sich in solchen Konstellationen um Sozialvampirismus: Alle saugen das unglückliche Geschwisterkind emotional aus, ohne selbst Kraft, Zeit und guten Willen in ein erfüllendes Familienleben zu stecken.

Um es auf den Punkt zu bringen: Geschwisterhilfe ist nicht mehr und nicht weniger verpflichtend als Hilfe unter Freunden oder Bekannten. Sollte diese Hilfe im Rahmen einer psychisch belastenden Familienkonstellation zur Ausbeutung werden, hat man alles Recht, diese Hilfe zu verweigern, schon um sich selbst davor zu schützen, von anderen ausgenutzt zu werden. Hinzu kommt aber auch, dass man durch die Verweigerung von Hilfe auch Prozesse in Gang setzen kann, durch die eingefahrene Konstellationen zum Vorteil aller aufbrechen können. Solange ich mir das Schild »Mit mir könnt ihr's ja machen!« umhänge, hat niemand die Veranlassung, seine Lebensführung zu überdenken. Wenn ich immer für meine Geschwister einspringe, stabilisiere ich vielleicht ein unverantwortliches Leben und verhindere indirekt, dass sie selbstständig werden. D. h., ich muss bei einer Ablehnung nicht zwangsläufig ein schlechtes Gewissen haben, vielleicht tue ich dem anderen ja sogar etwas Gutes. Wünschenswert wäre, wenn irgendwann aus der kindlichen oder gar kindischen Konstellation eine gereifte Geschwisterschaft entstehen könnte, in der alle offenen Lebensrechnungen beglichen sind, sodass Hilfe und Rücksichtnahme aus freien Stücken und gutem Willen erwachsen und nicht unter dem krank machenden Druck unbewältigter Psychothemen. Wenn Aki also dieses Mal wieder hinfährt, muss sie ihrer Schwester unmissverständlich klarmachen, dass sie das in Zukunft nicht mehr tun wird, weil sie ihr zutraut, diese Dinge auch alleine zu regeln.

Muss ich den Partner meiner Mutter akzeptieren, obwohl ich ihn doof finde?

Und, zack, sitzt Jette wieder zwischen allen Stühlen. Musste ja so kommen. Da hat sie grade erst die Trennung ihrer Eltern so weit verdaut, dass sie es schafft, nicht mehr zwischen die Fronten zu geraten, da geht das Spielchen von vorne los. Gut, wenn man ehrlich ist, kommt das alles nicht so super plötzlich. Schließlich sind Jettes Eltern inzwischen seit fünf Jahren getrennt. Aber das war eben alles auch eine ganz schöne Umstellung. Und bis sich die Wogen einigermaßen geglättet haben, hat es auch eine ganze Weile gedauert.

Glücklicherweise hat das Schicksal Jette einen Studienplatz weit weg von zu Hause zuteilwerden lassen. Seit sie räumlichen Abstand zu ihren Eltern hat, versteht sie sich mit beiden wieder ganz gut. Oder besser, verstand. Denn seit ihre Mutter einen neuen Partner hat, ist Jette etwas verstört. Selbstverständlich ist ihr klar, dass ihre Eltern nicht den Rest ihres Lebens im Zölibat verbringen. Wieso auch, soll ja schließlich jeder so leben, wie er glücklich wird. Und eigentlich hat ihr der neue Freund ihrer Mutter auch nichts getan. Das muss Jette ehrlich zugeben. Aber irgendwie findet sie ihn dann doch seltsam. Eine gemeinsame Wellenlänge sieht jedenfalls anders aus. Das Schlimmste daran: Eigentlich findet sie es total süß, ihre Mutter so frisch verliebt zu sehen. Die turtelt die ganze Zeit und ist einfach nur niedlich. Aber neulich kam sie mit der Idee, dass Jette doch zu Werners Geburtstag kommen soll. Dabei haben sich die beiden erst einmal wirklich getroffen. Und die Vorstellung, mit lauter Fünfzigjährigen am Tisch zu sitzen und sich vorführen zu lassen, ist ihr mehr als unangenehm. Und als Jette dann sagt, dass sie nicht kommen will, ist ihre Mutter plötzlich super beleidigt. Die Situation mit »frostige Stimmung« zu umschreiben, wäre noch geschönt. Aber diesmal bleibt Jette stur.

Reicht es nicht, dass sie sich diese Altherrenpartys zweimal im Jahr beim Geburtstag ihrer Großeltern antut? Wenn sich die alten Männer und Frauen gegenseitig Geschichten von früher zuschreien, weil allesamt inzwischen massiv taub sind, macht nicht mal der gute alte Kräuterschnaps aus Österreich, der ständig die Runde macht, das Szenario einigermaßen erträglich. Obwohl, beim Siebzigsten ihrer Oma war's am Ende doch ganz witzig – allerdings nur, weil sich Jette mit ihrem Bruder heimlich hinter der Theke einen Schnaps nach dem anderen genehmigt hat. Das könnte sie natürlich auch auf Werners Geburtstag tun. Es ist aber höchst zweifelhaft, dass sie so die Erwartungen ihrer Mutter erfüllt. Statt ein braves, hübsches Mädchen mit vielversprechenden Studiennoten könnte sie dann nur ein lallendes Wrack vorführen. Jette persönlich gefällt die Vorstellung außerordentlich, die Menge durch ungebührliches Verhalten aufzumischen. Dann hätte sie wenigstens auch was von der Party.

Wirklich, sie kennt diesen Mann doch überhaupt nicht. Und sie hat ja eine Mutter und einen Vater. Gut, mit der Freundin ihres Vaters gab es damals nicht solche Probleme. Aber die ist auch viel jünger als Werner und total witzig. Werner hingegen ist so seriös. Bestimmt ist der auch nett – irgendwie. Aber deswegen muss Jette doch jetzt nicht gleich Männchen machen. Dass ihre Mutter darunter so leidet, tut Jette total leid. Klein beigeben will sie aber trotzdem nicht. Es reicht doch, wenn ihre Mutter den Mann gut findet und glücklich ist. Obwohl ihr bester Freund Tobi vielleicht auch nicht ganz unrecht hat. Sie könnte ja, ihrer Mutter zuliebe, wenigstens nett zu Werner sein. Es gibt nur ein Problem: Für Jette fühlt sich das an wie Heuchelei. Sie wäre dann ja nett zu jemandem, den sie eigentlich nicht so toll findet. Allerdings würde sie damit vermeiden, ihre Mutter zu verletzen, die wahrscheinlich ähnlich unter der Eiszeit leidet wie Jette. »Du musst halt wissen, was dir wichtiger ist«, hat Tobi gesagt. »Dir treu zu sein oder das Verhältnis zu deiner Mutter.« Puh – das ist echt 'ne schwierige Entscheidung.

So entscheidet der Freundeskreis

JA-Sager →

Mesut (21): Familie ist superwichtig. Manche Menschen kann man sich nicht aussuchen, aber man sollte versuchen, mit ihnen klarzukommen.

Fee (25): Ja, irgendwie schon. Zumindest Mühe geben. Da bricht einem ja kein Zacken aus der Krone. Wenn man nicht mehr zu Hause wohnt, ist es ja auch nur für kurze Zeit.

Jason (19): Wenn's keinen triftigen Grund gibt, dann muss man damit leben. Der neue Partner gehört halt einfach dazu.

NEIN-Sager ←

Ilka (24): Nein, man muss nicht mit jedem klarkommen. Und das darf man dann auch äußern. Alles andere ist Heuchelei.

Steve (30): Na, irgendwie bekommt man da ja jemanden vorgesetzt. Und den muss man nicht mögen, nur weil die Eltern das tun. Jeder Mensch ist halt anders.

Robin (22): Also, ich mag die neue Frau von meinem Vater null. Wir haben uns damit arrangiert. Auch wenn mein Dad es sicher lieber harmonischer hätte.

↔ JEIN-Sager

Maya (20): Das Verhältnis zu den Eltern ist superwichtig. Selbst, wenn man jemanden nicht so richtig akzeptiert, man sollte sich schon Mühe geben, dass es darüber nicht zum Streit kommt.

Kai (28): Man muss den ja nicht mögen, aber ein gewisses Maß an Höflichkeit ist schon angebracht.

Salim (22): Ist natürlich schwierig dann. Aber man sollte 'nen Kompromiss anstreben.

Das sagt der Philosoph

Ist es nicht ausgesprochen engstirnig, wenn Kinder, die sich von ihren Eltern verbitten würden, sich in ihre Beziehungsangelegenheiten einzumischen, so empfindlich reagieren, wenn diese mit neuen Partnern aufwarten? Müssen Eltern ihre Kinder etwa um Erlaubnis fragen, wenn sie sich nach einer Trennung neu verlieben? Umgekehrt entsteht aber auch für die Kinder ein erheblicher Druck: Muss ich zu jedem Mann »Papa« sagen, an den meine Mutter ihr Herz verliert? Dabei ist es doch ein Fremder, den ich am liebsten siezen würde …

Der Grund für diese Verunsicherungen liegt in einem tiefen Rollenkonflikt: Im traditionellen Rollenmodell sind – aus Sicht des Kindes – der Partner der Mutter und der eigene Vater ein und dieselbe Person. In der gesellschaftlichen Realität tritt beides allerdings oft auseinander: Wir finden neben der klassischen Familie alleinerziehende Elternteile, unverheiratete Paare oder gleichgeschlechtliche Paare mit Kindern, Patchworkfamilien usf. Dabei ist persönliches Glück offensichtlich in allen Lebensformen zu verwirklichen, und auch die gesellschaftliche Akzeptanz für eine Vielfalt familiärer Wirklichkeit ist in den letzten Jahrzehnten gestiegen.

Aus philosophischer Sicht kann man allerdings zwei Prinzipien unterscheiden, durch die in der Familie Beziehungen entstehen: das Prinzip der freien Wahl und das Prinzip der Abstammung. Während sich Paare dazu entscheiden, eine Beziehung einzugehen, haben die Kinder, die aus dieser Beziehung hervorgehen, keine Wahl gehabt. Niemand kann sich seine biologischen Eltern aussuchen. Dass aus dem geschlechtlichen Umgang zweier Menschen ein neuer Mensch hervorgeht, knüpft ein schicksalhaftes Band zwischen den Generationen. Die besondere Kraft dieser Beziehung zeigt sich in der Unruhe von adoptierten Kindern, die sich trotz aller Fürsorge der Adoptiveltern auf die Suche nach den leiblichen Eltern machen. Sie zeigt sich aber auch in den inneren Konflikten von Menschen, die sich von ihren Eltern lossagen, aber zugleich spüren, dass sie damit die Geschichte ihrer eigenen Existenz und das Band der Abstammung nicht auflösen können. Das ist der wesentliche Unterschied zur Liebesbeziehung der Eltern, die geschlossen oder aufgehoben werden kann. Das Kind ist mit den Eltern verwandt, die Eltern untereinander sind es nicht.

Zurück zur Ausgangsfrage: Jeder Mensch hat nur zwei leibliche Eltern, und wenn die sich trennen, können die jeweils neuen Partner nicht die Rolle eines leiblichen Elternteils übernehmen. Trotzdem kann diese Person in Liebe und Verantwortung mehr zum Wohl des Kindes beitragen als der leibliche Elternteil. Es kann aber auch sein, dass Kinder mit der Partnerwahl ihrer leiblichen Eltern nicht glücklich sind, selbst oder vielleicht sogar gerade, wenn man schon erwachsen ist. Jette sieht zwar das Glück ihrer Mutter, kann aber nicht auf Knopfdruck eine positive Beziehung zu Werner aufbauen, der relativ unvermittelt in ihr Leben geplatzt ist. Natürlich gibt es keine moralische Pflicht, einen Menschen sympathisch zu finden. Gleichwohl sollte Jette die Lebensentscheidung ihrer Mutter und damit auch die Verbindung zu Werner respektieren, d. h., sie muss Werner *als Partner ihrer Mutter* akzeptieren. Wenn allerdings Erwartungen an sie gestellt werden, den neuen Partner als Quasi-Vater zu behandeln, darf sie diese mit bestem Gewissen zurückweisen, wenn ihr dabei nicht wohl ist. Vielleicht wird sie sich irgendwann einmal gerne näher auf ihn einlassen, wenn eine wirkliche Beziehung gewachsen ist. Bis dahin kann sie freundlich, aber bestimmt den Verpflichtungsdruck ignorieren, selbst wenn das dem Harmoniebedürfnis ihrer Mutter zuwiderlaufen sollte.

Darf ich mir eine Ausrede ausdenken, um Weihnachten nicht mit der Familie feiern zu müssen? Oder bin ich aus Dankbarkeit dazu verpflichtet?

Mama würde es das Herz brechen, wenn Ingo an Weihnachten nicht kommt. Weihnachten ist die Familie doch zusammen. Und der Baum ist dieses Jahr so schön geworden. Und es gibt auch wieder Fondue. Das mag Ingo doch so gerne. Das wäre wirklich furchtbar, wenn er nicht kommen würde. Tine hat schon zugesagt. Ihren Freund bringt sie auch mit. Und Papa wird dieses Jahr garantiert auch ganz brav sein. Da braucht sich Ingo keine Sorgen machen. Dieses Jahr wird es ganz ruhig und entspannt. Und dann ist die ganze Familie zusammen. So soll es doch an Weihnachten sein. Das wäre so traurig, wenn Ingo nicht dabei ist. Dann hätte Mama auch gar keine Lust mehr auf das Fest …

Es ist wie ein Ohrwurm. Wieder und wieder spulen sich die Worte seiner Mutter in Ingos Kopf ab. Dazu diese weinerliche Stimme. Und Ingo weiß: Sie wird weinen, wenn er an Weihnachten nicht nach Hause kommt. Aber wenn er hingeht, wird er es sein, der am Ende heult. Wenn er dann wieder alleine in seinem WG-Bett liegt. Weil das Weihnachtsfest – das ach so harmonische, ach so liebevolle Weihnachtsfest – wieder mal so furchtbar war. Weil Papa sich aufgeführt hat wie die letzte Sau. So war es letztes Jahr, vorletztes Jahr, eigentlich immer. Wie sollte es auch anders sein. Er benimmt sich ja auch den Rest des Jahres daneben. Und an Weihnachten soll dann heile Welt gefeiert werden. Aber die Welt in dieser Familie ist nicht heil. Sie besteht aus einem cholerischen Egozentriker an der Familienspitze, seiner depressiven Ehefrau und zwei verkorksten Kindern – Ingo und Tine. Tine kann nicht loslassen. Sie träumt immer noch von dieser Welt, die am Ende in den Weihnachtsfilmen zelebriert wird. Wo selbst Ingo zwangsläufig die Tränen kommen, obwohl er sich doch eigentlich bei so viel Kitsch übergeben möchte. Wenn da nicht diese beschissene Sehnsucht wäre nach Wärme und Geborgenheit.

Weihnachten ist furchtbar. Zumindest das Weihnachten in Ingos Familie. Als Oma noch gelebt hat, ging es. Die hat Papa immer gebremst, wenn er ausfallend wurde. Aber Oma ist seit drei Jahren tot. Und seitdem ist alles unerträglich geworden. Ingo will nicht mehr feiern. Das Wort »Feier« ist wie eine Ohrfeige. Weil die Weihnachtsfeier so gar nichts hat, was mit Freude und Spaß zusammenhängt. Am liebsten will sich Ingo am 23. Dezember ins Bett legen und erst wieder am 27. aufwachen. Aber das funktioniert schon deshalb nicht, weil seine Mutter ihn im Stundentakt anrufen würde. Und am Ende ist das schlechte Gewissen so groß, dass er seinen Hintern doch wieder hinschleppt. Ist ja nur ein Tag, ein Abend, vier Stunden. Und Mama ist es so wichtig. Aber Ingo wird es einmal mehr das Herz brechen. Und es wird ewig wehtun. Warum sich nicht krank stellen, in der WG bleiben, einen Horrorfilm anschauen und sich im Selbstmitleid ertränken? Allemal besser als der Horror innerhalb der Familie. Darf Ingo das?

So entscheidet der Freundeskreis

JA-Sager →

Kai (34): Logisch darfst du 'ne Ausrede vorschieben. Und dann hast du deine Ruhe.

Lea (24): Es bringt ja auch keinem was, wenn man sich Weihnachten zusammensetzt und dann drei Tage lang durchstreitet.

NEIN-Sager ←

Marlene (33): Das ist doch ätzend, sich eine Ausrede einfallen lassen zu müssen. Weil ich denke, Weihnachten ist ein Familienfest. Und das sollte man dann auch im Kreise der Familie verbringen.

Kevin (23): Wenn es Weihnachten um irgendwas geht, dann darum, mit den engsten Menschen was zusammen zu machen und nicht mit irgendwelchen Freunden in Clubs zu ziehen und feiern zu gehen.

JEIN-Sager ↔

Amelie (19): Nett ist das nicht. Aber es wird schon einen Grund geben, wenn man nicht mit seiner Familie feiern will.

Das sagt der Philosoph

Weihnachten ist ein ganz besonderes Fest für den Philosophen. Wie unter einem Vergrößerungsglas zeigen sich hier die großen Konflikte des Mensch-Seins: Die absurdesten Komödien und bittersten Tragödien werden in den Familien zur Aufführung gebracht. Wann sonst darf man so ungehemmt anderen Menschen im Namen der Liebe so viel unterschwellige Gewalt antun? Sie mit erstickten Tränen erpressen, einen zu besuchen, ungenießbare Speisen zu verzehren und geschmacklose Gaben zu bejubeln? Um keine Missverständnisse bei gläubigen Menschen hervorzurufen: Natürlich ist das nicht der religiöse Kern des Festes, aber für uns weltliche Menschen bietet sich hier eine wunderbare Gelegenheit, unsere Beziehungskonflikte auszutragen – und zwar unter erschwerten Bedingungen, weil ja schließlich alles ganz harmonisch sein soll. Dass der familiäre Druck dann für manche so groß wird, dass sie zu Ausreden greifen, um sich der Situation zu entziehen und trotzdem niemanden zu verletzen, liegt auf der Hand. Es wäre eine eigene Diskussion, welchen Rang die ›Ausrede‹ auf der nach oben offenen Münchhausen-Skala des Lügens einnehmen müsste. Vermutlich rangiert sie deutlich über dem ›Kompliment‹ und knapp unter der ›Neujahrsansprache des Bundespräsidenten‹ – auf alle Fälle wird sie gesellschaftlich in der Grauzone des moralisch Akzeptierten angesiedelt.

Der Kern des Konfliktes liegt auch nicht in der Frage, *wie* ich mich dem familiären Weihnachtszwang entwinde, sondern *ob* ich es überhaupt darf. Schulde ich meinen Eltern nicht ewigen Dank? Selbst wenn diese so hervorragend auf der Klaviatur meines Gewissens zu spielen verstehen, dass sie meine Anwesenheit erpressen können und dabei den letzten Funken Liebe aus meinem Herzen vertreiben? Ist es also eine Frage der persönlichen Neigung oder ganz eindeutig die Pflicht des Kindes?

Schon Immanuel Kant (1724–1804) hat darauf aufmerksam gemacht, dass das Verhältnis von Eltern zu Kindern durch eine einseitige Verpflichtung gekennzeichnet ist. Die Eltern stehen in der Pflicht, das Kind so lange zu versorgen und zu beschützen, bis es volljährig und ökonomisch unabhängig ist, während die Kinder ihren Eltern dafür noch nicht einmal zu Dank verpflichtet sind, geschweige denn zu Ge-

genleistungen. Wie lässt sich diese schroffe Position begründen? Auf der Welt zu sein und dann auch noch als Kind dieser Eltern ist nicht die Folge meiner eigenen Wahl gewesen. Wenn Eltern ein Kind bekommen, rufen sie es ins Leben, ohne dessen Zustimmung einzuholen. Der ausgesprochen melancholische Schriftsteller E. M. Cioran (1911–1995) bezeichnet deshalb den Akt, ein Kind zu zeugen, als Verbrechen an dessen Freiheit. Eine Schuld, die, wenn überhaupt, nur dadurch abgetragen werden kann, dass ich dem Kind zumindest bis zu dessen Mündigkeit ein weitgehend sorgenfreies Leben ermögliche. Auch wenn wir Ciorans Sichtweise als überzogen abtun, bleibt doch die unumstößliche Einsicht, dass Eltern allein für das Faktum und die Umstände meiner Existenz verantwortlich sind, und deshalb kein *Recht* auf Dankbarkeit haben.

Selbstverständlich bedeutet dies nicht, dass es verboten wäre, seinen Eltern dankbar zu sein und sie aus einem Gefühl echter Zuneigung heraus an Weihnachten zu besuchen. Diese freiwillige Geste ist umso kostbarer, gerade weil sie nicht aus bloßem Pflichtgefühl, sondern aus wahrer Zuneigung herrührt. Vermutlich werden insbesondere diejenigen so empfinden, die von emotionaler Erpressung unterm Tannenbaum verschont geblieben sind. Allen anderen wird es vielleicht eine Last von der Seele nehmen, wenn sie wissen, dass sie tatsächlich auch die berechtigte Wahl haben, sich nicht zu fügen.

Bürokr@m

Muss ich Kollegen/Bekannte in sozialen Netzwerken adden, wenn ich sie blöd finde?

Mal ganz ehrlich: Wer heute nicht in irgendeinem digitalen Netzwerk registriert ist, der existiert doch eigentlich gar nicht. Egal ob SchülerVZ, Facebook oder Xing – die Welt rückt zusammen, vor allem digital. Und immer wieder spielen sich Szenen ab, die eine gewisse Absurdität nicht leugnen lassen. Da ist zum Beispiel der Kollege, mit dem man zwar digital verbandelt ist, der einen aber weder an der Bushaltestelle noch in der Kantine grüßt. Oder ein anderer Kollege, der sein komplettes Liebesleben in Statusmeldungen offenbart und dem man deswegen nicht mehr in die Augen gucken kann, ohne dass einem die Schamesröte ins Gesicht steigt. Schlicht und einfach: Dank digitaler Dampfplauderer kennen viele ihre Kollegen besser, als ihnen eigentlich lieb ist – von der Morgentoilette über den aktuellen Zustand der Verdauung bis hin zum »geheimen« Verhältnis mit der Sekretärin vom Chef.

Angesichts einer solchen Bedrohung für das eigene Seelenheil sollte sich jeder gut überlegen, welche Informationen er mit welchem Personenkreis teilt. Leider lassen sich heutzutage Berufliches und Privates nicht mehr so ganz scharf voneinander trennen. Zumindest nicht ohne einen gewissen Aufwand. Und selbst wer sich eine anonyme Zweitidentität zulegt, muss fürchten, jederzeit aufzufliegen. Spätestens dann folgen unangenehme bis sehr unangenehme Fragen.

Obwohl, wer sich jederzeit rechtschaffen verhält, hat schließlich auch nichts zu verbergen, oder?

Was also tun, wenn der Chef auf Facebook mit einem befreundet sein möchte? Oder der Kollege vom Büro nebenan, der einem schon durch bloße Anwesenheit die Laune verdirbt. Ganz zu schweigen von den Mord- bis Fluchtgedanken, die er auslöst, wenn er erst anfängt, zum hundertsten Male eine seiner zehn total spannenden Anekdoten der letzten zwanzig Dienstjahre auszupacken. Wenn also dieser Kollege bei Facebook eine Freundschaftsanfrage stellt, bricht zwangsläufig der Angstschweiß aus. Es stehen folgende Szenarien zur Auswahl (wir halten fest: Alle bewegen sich irgendwo zwischen ekelhafter Selbstverleugnung, dreister Lüge und damit einhergehenden Höllenqualen):

Szenario 1 – die dreiste Lüge

Freundesanfrage bei Facebook/Xing erhalten, »versehentlich« auf »ignorieren« oder »ablehnen« geklickt – eine Woche später begegnet man sich auf dem Flur, weil sich der Gang zur Toilette nicht ewig vermeiden lässt und es irgendwann lächerlich wirkt, jedes Mal die Palme als Versteck vor sich herzuschieben.

Der unliebsame Kollege: »Herr Meier! Gut, dass ich Sie treffe.«

Jetzt bloß nichts anmerken lassen und lächeln, immer nur freundlich lächeln. Und Obacht! Nicht die Mundwinkel in den Grübchen einquetschen!

»Schöner Tag heute, nicht wahr? Sagen Sie mal, Sie sind doch da auch immer mal in diesen sozialen Netzwerken unterwegs, nicht? Ich wollte Sie da neulich mal zu meinen Kontakten hinzufügen, schließlich sitzen wir ja auch gleich nebeneinander ...« – Denkblase: Das reicht *mir* auch völlig – »... und da dachte ich, man könnte es mal wagen. Hat das funktioniert? Haben Sie meine Kontaktanfrage erhalten?«

Jetzt gilt es, gesellschaftskonform Haltung zu bewahren und sich dessen zu bedienen, was gemeinhin als Schmiermittel der Gesellschaft bezeichnet wird: der Lüge. »Entschuldigung, Herr Müller. Das muss mir völlig durchgegangen sein. Ich hab in letzter Zeit so viel Stress im Büro. Und zu Hause bin ich einfach froh, wenn ich den Rechner nicht mehr einschalten muss.«

Szenario 2 – die Selbstverleugnung

Freundesanfrage bei Facebook / Xing erhalten, bisher einfach ignoriert, ohne eine Aktion folgen zu lassen – eine Woche später begegnet man sich auf dem Flur …

Der unliebsame Kollege: »Herr Meier! Gut, dass ich Sie treffe.«

Freundliches Gesicht aufsetzen: »Tut mir leid, Herr Müller, ich muss grade ganz dringend ins Meeting, wir sprechen uns ein anderes Mal.«

Noch in der Kehrtwende in Richtung Besprechungsraum flötet Herr Meier hinterher: »Ach, das Projektleitermeeting in der dritten Etage? Da wollte ich auch grade hin. Toll, dann können wir ja gemeinsam gehen. Nehmen Sie auch die Treppe?«

Nach dem schwungvoll eingeleiteten Versuch eines Abgangs eine Knieverletzung vorzutäuschen, wäre in höchstem Maße unglaubwürdig: »Aber sicher. Man sitzt ja den Tag über genug.« Gequältes Grinsen.

»Sagen Sie, haben Sie meine Anfrage bei Xing (Facebook, LinkedIn etc.) erhalten? Ich finde ja, dass man vor allem innerhalb der Firma gut vernetzt sein sollte.«

Achtung, jetzt wird's glatt: »Unbedingt, Herr Müller, unbedingt. Entschuldigen Sie bitte, aber diese Woche geht es zu wie im Taubenschlag, ich bin einfach noch nicht dazu gekommen.« Innerlich setzt sich ein Selbstzerfleischungsszenario in Gang, das jeden Horrorfilm zur Komödie degradiert.

Szenario 3 – der Dampfhammer

Freundesanfrage bei Facebook / Xing erhalten, Anfrage erkennbar, aber ohne Begründung abgelehnt – eine Woche später begegnet man sich auf dem Flur …

Der unliebsame Kollege: »Herr Meier! Gut, dass ich Sie treffe.«

Stufe eins: Maskiere dein Vorhaben mit einem zuckersüßen Lächeln. »Herr Müller, ja, welch ein Zufall, wo Sie doch nur ein Büro weiter sitzen. Wie konnten wir uns nur die ganze Woche übersehen?« Kurz den verdutzten Gesichtsausdruck des Gegenübers genießen.

»Äh ja, allerdings. Erstaunlich. Sagen Sie, ich hatte Ihnen da doch eine Anfrage geschickt über eines dieser sozialen Netzwerke, erinnern Sie sich?«

Stufe zwei: Wink mit dem Zaunpfahl. »Aber natürlich. Da hab ich mich auch sehr drüber gefreut, aber ich versuche, so gut es geht, Berufliches und Privates zu trennen.« Jetzt schön weiterlächeln.

»Ja, aber mit Herrn Schmitz und Frau Bäcker sind Sie da doch auch in Kontakt?«

Das war ja klar, dass der Herr Müller jetzt auch noch spitzfindig wird. Gut, er hat es nicht anders gewollt: »Ja, mit denen bin ich aber auch privat befreundet, Herr Müller. Mit Ihnen nicht. Und das soll auch so bleiben.« Jetzt noch ebenso freundlich und seriös einen guten Tag wünschen und Abmarsch.

Die meisten von uns werden, noch bevor es zu Szenario eins, zwei oder drei kommen kann, in den sauren Apfel beißen und zähneknirschend die Freundes- oder Kontaktanfrage einfach akzeptieren. Aber ist das moralisch vertretbar? Ist man nicht der Wahrheit verpflichtet und muss dazu stehen, wenn man jemanden nicht mag? Hat nicht jeder das Recht, sich auszusuchen, wer wie weit in die eigene Privatsphäre Einblick erhält? Und was ist, wenn es sich hierbei nicht um einen Kollegen, sondern gar um den Chef handelt?

So entscheidet der Freundeskreis

JA-Sager →

Silvia (19): Bei manchen würde ich es trotzdem machen. Ich denke, damit die kein falsches Bild von einem haben.

NEIN-Sager ←

Tamara (27): Ich finde das eine Krankheit, jeden zu adden, den man irgendwoher kennt.

Georg (23): Da habe ich schon Fälle gehabt, wo ich Freundschaftsanfragen nicht angenommen habe. Was auch zu Diskussionen geführt hat. Aber das wurde dann geklärt.

Dajana (20): Nee, finde ich nicht in Ordnung. Weil man ja sonst mit denen auch nichts zu tun haben möchte. Und warum soll man das dann über das Netzwerk machen?

Klaas (24): Also wenn man das nicht möchte, dann nicht.

Das sagt der Philosoph

Soziale Netzwerke wachsen mit einer unglaublichen Dynamik und etablieren eine eigene Wirklichkeit, deren Reichweite und Macht wir kaum abzuschätzen vermögen. Neben den faszinierenden Möglichkeiten, Kommunikation schnell und über große Distanzen mit einer Vielzahl von Menschen betreiben zu können, zeichnen sich Schattenseiten ab, wie die Verwischung der Grenze zwischen Berufs- und Privatleben, Vernetzungszwang und schließlich ein nicht unerheblicher Zeitaufwand zur Pflege der Kontakte.

Moralische Konflikte rühren oft daher, dass wir eigentlich immer noch so tun, als könnten wir die Regeln, die wir in der realen sozialen Welt anwenden, schlicht auf die sozialen Netzwerke übertragen. Dabei unterschätzen wir die Eigengesetzlichkeit der virtuellen Kommunikation. Es beginnt schon damit, dass mein Profil ja nicht mit mir als Person identisch ist, sondern das Produkt einer Selbst-Avatarisierung. Ich gestalte ein Bild von mir, indem ich auswähle, was ich von mir zeige oder verberge, welche Texte ich absondere oder wann ich den ›Gefällt mir‹-Button drücke. Während ich in einer Situation von Angesicht zu Angesicht nicht vollständig kontrollieren kann, wie ich erscheine, bin ich hier zumindest prinzipiell der Schöpfer meiner virtuellen Identität. Und ebenso wie mein Profil nur eine Attrappe meiner Person ist, müssen die sogenannten Freundschaften als virtuelle Sozialform betrachtet werden, die von wirklicher Freundschaft zu unterscheiden sind. Das macht schon die Zahl deutlich: Wer würde schon ernsthaft behaupten, über 100 Freunde zu haben?

Freundschaft ist eine kostbare Form der Beziehung, die durch gewachsenes Vertrauen und durch die uneingeschränkte Bereitschaft, füreinander einzustehen, charakterisiert ist. Nur die erotische oder familiäre Liebe kann die Freundschaft in Tiefe und Verbindlichkeit noch überbieten. Auch wenn man im alltäglichen Leben das Wort ›Freundschaft‹ inflationär gebraucht, wissen doch alle um den Unterschied von Freundschaft, Kollegialität, Bekanntschaft, Cliquenzugehörigkeit usf. Im sozialen Netzwerk wird also höchstens in einem übertragenen Sinne von Freundschaft gesprochen. Dies gilt insbesondere für Netzwerke, von denen man sich Karrierevorteile verspricht. Hier werden Beziehungen nicht nach persönlicher Sympathie oder aufgrund von geteilten Interessen geknüpft, sondern in Hinblick auf den persönlichen Nutzen, den ich mir von dem Kontakt verspreche. Meine Freundesliste bilanziert dann mein Beziehungskapital. Denn selbstverständlich ist nicht jede ›Freundschaft‹ gleich attraktiv. Stolz kann ich manche Trophäen vorweisen, wichtige und mächtige Menschen, die mich weiterbringen können. Andere ›Freunde‹ sind vielleicht eher ein Karrieregift, und ich muss überlegen, wie ich sie entsorge, ohne allzu viel Porzellan zu zerschlagen.

Natürlich gab es diese strategische Beziehungskultur auch schon vor dem Internet: Schützenverein, Karnevalsgesellschaft, Logen, Clubs usf. Man kennt sich, man hilft sich. In Köln sagt man ›Klüngel‹ dazu, und nur den Außenseitern dieser eingeschworenen Kreise kommt das böse Wort ›Korruption‹ über die Lippen. Innerhalb dieser Systeme stellt sich die Frage nach angenommenen oder ausgeschlagenen Einladungen nicht in erster Linie als ein moralisches Problem, sondern vielmehr als ein Problem der klugen Entscheidung, als eine Abwägung von Kosten und Nutzen.

Moralisch bin ich also nicht verpflichtet, eine Freundschaftsanfrage anzunehmen, aber ich muss mit den Konsequenzen leben, die im Rahmen gesellschaftlicher Konventionen daraus erwachsen. Umgekehrt ist es aber auch nicht verwerflich, eine Anfrage anzunehmen, obwohl ich die Person im Grunde abscheulich finde, da es sich eben nicht um eine wirkliche Freundschaft, sondern bloß um eine unverbindliche Verlinkung handelt. Verzwickt wird es nur, wenn ich bisher in meiner Selbstdarstellung einen gewissen Grad an Indiskretion zugelassen habe, von der ich die anfragende Person aber ausschließen möchte. Selbstverständlich habe ich das Recht, nach eigenem Ermessen Grenzen um mein virtuelles Privatleben zu ziehen und von Fall zu Fall zu entscheiden, wem ich Einblick gewähre. Wenn jedoch in sozialen Netzwerken Menschen aus verschiedenen Lebenszusammenhängen (Beruf, Familie, Bekanntenkreis, Vereine) gleichermaßen Zugriff erhalten können, muss ich entweder nur Material einstellen, das für alle Augen bestimmt ist, oder bestimmte Freundschaftsanfragen zurückweisen.

Ob und wie ich eine Ablehnung begründe, macht allerdings moralisch einen Unterschied. Bitter wäre, wenn ich mich der Freundschaftszumutung nur durch eine Notlüge entziehen könnte, da ich dann für ein legitimes Ziel (mein Privatleben abzuschirmen) ein illegitimes Mittel (Lüge) wähle, und das angesichts der Tatsache, dass mir jemand ungefragt seine Intimität aufdrängt. Im Grunde muss ich die Ablehnung gar nicht rechtfertigen, und wenn jemand so unsensibel ist, nach einer Begründung zu fragen, anstatt diskret die kleine Peinlichkeit zu übergehen, tut ihm wahrscheinlich sogar eine kleine Portion Wahrheit ganz gut!

Darf ich einem Kollegen sagen, dass er stinkt?

Wie kann es eigentlich sein, dass schon im Aufzug klar ist, dass Gregor bereits im Haus ist? Na gut, so ein Aufzug ist ja auch eine relativ sauerstoffarme Angelegenheit. In den zehn Sekunden, die die Türe mal offen ist, kann dieser penetrante Geruch natürlich nicht entweichen. Aber irgendwie schafft der es, da locker zwei bis drei Stunden zu verharren. Also der Gestank! Gregor verabschiedet sich ja körperlich im dritten Stock. Aber seine Stinkwolke fährt weiter auf und ab. Das ist auch nicht einfach nur eine Schweißfahne. Da spielen noch andere Noten mit rein. Nicht identifizierbare Noten. Und dazu kommt dieser Mundgeruch. Gregor sollte mal zum Arzt gehen.

Hast du den Aufzug überlebt, ist die Tortur noch lange nicht beendet. Der Gang wird von Gregor-Mief beherrscht, die Kaffeeküche, sogar das gesamte Großraumbüro. Und erst der Telefonhörer, in den Gregor regelmäßig reinquatscht. Um es mal zusammenzufassen: Der Gestank macht einen fertig. Nein, nicht einen – alle!

In der Schule war so was ja Anlass, jemandem heimlich ein Deo auf den Tisch zu stellen. Aber schon klar, dass das voll gemein und böse ist. Und Gregor ist ja auch kein verkehrter

Typ. Der kann richtig witzig sein – wenn man sich nur nah genug an ihn rantraut, um in die Konversation mit ihm einzusteigen.

Hilft aber alles nix: Stinken tut Gregor trotzdem. Und weil sich alle schon das Maul zerreißen, die Luft dadurch aber nicht gerade besser wird, ist produktive Handlung gefordert. In Form einer klaren Ansage von wegen: Hey, du stinkst, dass einem schlecht wird. Vielleicht etwas blumiger formuliert. Aber schon auch so, dass Gregor es mal richtig schnallt. Oder geht das zu weit? Verletzten wird es ihn vermutlich schon. Wer hört schon gerne, dass er mieft? Aber deshalb weiter den Mief ertragen? Auch keine Lösung …

So entscheidet der Freundeskreis

→ JA-Sager
Frauke (32): Also, ich sag es eigentlich immer. Und dann benutzt derjenige auch Deo oder Parfum oder was auch immer.
Oliver (19): Wenn es so ist, dass man extrem riecht, dann sag ich das. Sonst wird mir ja total schlecht.
Sascha (28): Die freuen sich ja, dass du es ihnen sagst. Sonst würden sie sich ja schämen am Ende. Wenn sie wissen, sie haben die ganze Zeit gestunken.

← NEIN-Sager
Thiemo (33): Ich glaube, das wäre mir und dem anderen recht unangenehm. Deswegen besser einfach nur vorbeigehen.
Lizzy (28): Ich sage das natürlich nicht. Das macht man einfach nicht. Ich riech dann weg.
Sandra (26): Solche Stinker gibt es jede Menge. Aber ich hätte nicht den Mut, die darauf anzusprechen. Und wer weiß, warum die so stinken. Vielleicht ja eine Krankheit!

Das sagt der Philosoph

Wenn wir in beruflichen Zusammenhängen anderen Menschen begegnen, bemühen wir uns, möglichst professionell zu agieren: Wir tragen bestimmte Kleidung – vielleicht sogar eine Uniform, wählen bestimmte Umgangsformen, kontrollieren Mimik und Gestik, und auch unsere Sprache passt sich dem beruflichen Umfeld an. Wir tun dies zum einen, weil es die Tätigkeit erforderlich macht, zum anderen bedeutet es aber auch eine Art von Schutz, wenn wir unsere private Persönlichkeit mit allen Schwächen und Eigentümlichkeiten hinter einer beruflichen Maske verbergen können. Jeder möchte schließlich selbst darüber entscheiden, was seine Kollegen von ihm wissen dürfen, und niemand will sich eine Blöße geben, denn schließlich sind im Job auch alle Konkurrenten.

Allerdings stößt unsere Fähigkeit, unser Erscheinen vor den anderen zu kontrollieren, an eine prinzipielle Grenze. Unsere leibliche Existenz bringt es mit sich, dass durch das berufliche Kostüm hindurch das Allzumenschliche durchscheint: Wir setzen ein professionelles Lächeln auf, doch die Augen strahlen nicht mit, weil es eigentlich keinen Grund zum Strahlen gibt. Wir gehen in einem Verkaufsgespräch großzügig mit der Wahrheit um und erröten plötzlich, weil wir erkennen, dass wir gelogen haben. Kopfschmerzen, Verdauungsprobleme, Menstruationsbeschwerden, Essstörungen, Drogenabhängigkeit, Schlaflosigkeit, Burn-out und Depression sind im Berufsleben lästige Makel, die wir lieber verbergen würden, doch unser Leib verplappert sich und liefert uns gegen unseren Willen den anderen aus.

Körperschweißproduktion gehört auch zu den leiblichen Regungen, auf die wir nur bedingt Einfluss haben. Hinzu kommt, dass der Schweißgeruch eine massive Belästigung für die Mitmenschen darstellt, eine durchdringende Präsenz der leiblichen Existenz, die einem den Atem raubt. Gleichwohl zögern wir, den anderen darauf anzusprechen, weil wir ihm die Scham ersparen wollen. Wir sind gewohnt, im öffentlichen Raum körperliche Unpässlichkeiten zu übergehen; alle wissen Bescheid, aber niemand spricht es aus. Doch bin ich wirklich dazu verdammt, den miefigen Kollegen zu ertragen? Ist die mögliche Kränkung, die eintreten könnte, wenn ich ihn darauf anspreche, wirklich höher zu bewerten als die wirkliche Beeinträchtigung, die er mir täglich zufügt? Vielleicht hat es Sinn, hier verschiedene Fälle zu unterscheiden: Körpergeruch kann ein Ausdruck von Ignoranz und Unhöflichkeit sein. Der Kollege findet es spießig, sich zu pflegen. In diesem Fall spricht nichts dagegen, ihn im kollegialen Ton darauf hinzuweisen, dass er die Möglichkeiten der Körperhygiene noch nicht vollständig ausgereizt hat oder dass die sorgfältigere Auswahl oder der häufigere Wechsel seiner Textilien erfolgversprechend sein könnten.

Schwieriger ist es, wenn dem Kollegen das Problem selbst gar nicht bewusst ist. In diesem Fall ist es eine Frage des sensiblen Tons. Zum Glück gibt es fein zu dosierende sprachliche Möglichkeiten, jemandem etwas mitzuteilen, ohne dass er sein Gesicht verliert. Sollte dies gelingen, ist der Kollege vielleicht sogar dankbar, dass man ihm einen blinden Fleck gezeigt hat. Abenteuerlich wird so ein Gespräch, wenn es nicht zwischen Kollegen stattfindet, sondern in einer hierarchischen Konstellation. Einem Chef wird es leichter fallen, den Mitarbeiter auf sein Schweißproblem hinzuweisen. Seine Rolle verlangt von ihm eine gewisse Fürsorge, auf die er sich berufen kann. Er schützt das Team vor dem Geruch und den Schweißproduzenten vor übler Nachrede. Schwieriger ist es, wenn der Chef stinkt. Die gesellschaftlichen Konventionen verbieten hier eine klare Ansage. Vielleicht ist es dann weniger eine Frage der Moral als vielmehr der Klugheit, ob und wie man das Thema anschneidet. Ein allgemeines, moralisches Verbot, das Problem anzusprechen, ist jedenfalls nicht zu rechtfertigen.

Sollte ich jemanden in größerer Runde korrigieren – auch auf die Gefahr hin, ihn bloßzustellen?

Es ist 10.01 Uhr, Montagmorgen, große Konferenz in der Werbeagentur, für die Uli seit zwei Jahren arbeitet. Uli kommt gerade noch rechtzeitig und quetscht sich unauffällig auf den erstbesten freien Stuhl. Sein Boss wirft ihm einen kurzen Blick zu, zieht die Augenbrauen hoch. Verdammt, denkt sich Uli. Die Woche fängt ja schon ätzend an. Es ist noch nicht mal richtig losgegangen, und ich fühle mich schon schuldig. Während Uli damit beschäftigt ist, langsam wieder runterzukommen, erteilt sein Boss Volker das Wort. Volker ist genauso wie Uli Texter und soll Ideen für einen anstehenden Auftrag liefern.

Na, hoffentlich fällt der armen Sau was ein. Ich habe keinen Bock, mir gleich wieder das Gemaule vom Chef anzuhören, geht es Uli durch den Kopf. Aber Volker scheint vorbereitet zu sein. Mit vollem Elan versucht er, dem Boss seine Ideen schmackhaft zu machen. Gut, der große Wurf ist jetzt nicht dabei, findet Uli, aber Volker hat schon ein paar ganz coole Ansätze. So cool wie es eben sein kann, für eine Großbäckerei Werbung zu machen. Und mit jeder weiteren Minute, die Volker vor sich hin brabbelt, beginnt Uli sich zu entspannen.

Fast wäre Uli geistig weggedöst – doch ein paar Zahlen in Volkers Vortrag machen ihn stutzig. Das stimmt doch gar nicht, was der da gerade erzählt, überlegt Uli. Soll er Volker besser korrigieren? Das kann man unmöglich so stehen lassen, was Volker da gerade behauptet hat. Aber wie ätzend ist es, vor 15 Kollegen verbessert zu werden?

Während Uli noch abwägt, ob er sich wie ein Kollegenschwein fühlen würde, wenn er Volker korrigiert, meldet sich bereits Matthias. Und noch bevor Matthias den Mund aufmacht, möchte sich Uli übergeben: Boah, der dumme Klugscheißer nutzt natürlich die Gunst der Stunde, um einen auf dicke Hose zu machen. Das passt dem gerade recht, sich auf Volkers Kosten zu profilieren. Schau dir an, was der für einen besserwisserischen Gesichtsausdruck draufhat. Matthias ist ja so was von ätzend!

Matthias stellt die Fakten richtig, lehnt sich daraufhin mit verschränkten Armen in seinem Stuhl zurück, und es ist ihm fast schon anzusehen, wie sehr er seinen Auftritt genießt. So ein blöder Aufschneider wie Matthias möchte ich echt nicht sein, denkt sich Uli. Und Volker sieht aus, als hätte ihn jemand an die Wand geklatscht. Bin ich froh, dass ich die Fresse gehalten habe!

So entscheidet der Freundeskreis

JA-Sager →

Katja (34): Ich finde, die Fakten müssen im Job geklärt werden. Alles andere wäre ein falscher Kuschelkurs.

Thorsten (29): Ich würde meinen Kollegen auf jeden Fall korrigieren. Wenn der Mist labert, kann ich mir das nicht anhören. Da kann ich nicht an mich halten.

Irmi (24): Klären würde ich es schon. Aber ich würde mich schon sehr bemühen, dass der andere nicht wie ein Depp dasteht.

Karim (29): Kann ich doch nix dafür, wenn der Kollege was Falsches erzählt. Aber deshalb muss es doch richtiggestellt werden. Am Ende hat der Fehler sonst noch Konsequenzen für den Auftrag!

← NEIN-Sager

Lise (22): Auf gar keinen Fall würde ich den vor allen anderen bloßstellen. Nicht mal, wenn ich den oder die Kollegin doof fände. Das macht man einfach nicht.

Maja (26): Ich würde es nicht in großer Runde, sondern unter vier Augen mit dem Kollegen besprechen.

Michael (33): Vor anderen korrigiert werden ist uncool. Und deshalb würde ich auch niemandem in einer großen Runde dazwischenquatschen. Danach vielleicht.

Das sagt der Philosoph

Wir empfinden es als taktlos und rechthaberisch, andere Leute zu korrigieren. Schon im Umgang von Erwachsenen mit Kindern sind wir heute sehr sensibel für dieses Problem, weil deutlich geworden ist, dass eine tatsächliche oder vermeintliche Richtigstellung der Sache immer auch als Kritik an der Person wirkt. So verlangen wir mit guten Gründen von Lehrern, dass sie belehren, ohne zu beschämen. Denn die Würde des Kindes ist im Zweifelsfall höher zu bewerten als die Sache, um die es geht. Das bedeutet jedoch nicht, dass wir auf die Sachklärung verzichten sollen, denn wir schulden den Kindern schließlich die Wahrheit. Eltern und einfühlsame Pädagogen treffen meist den richtigen Ton. Unter Erwachsenen dagegen haben wir es nicht mit einer pädagogischen Situation zu tun, sodass wir unsicher sind, wie wir mit Fehlern umgehen sollen. Es verbietet sich auch nur der Anschein einer pädagogisch verständnisvollen Korrektur, denn es wäre herablassend, den anderen wie ein Kind zu behandeln, das man in Watte packen muss. Andererseits wissen wir, dass gerade Erwachsene empfindlich und verletzlich in diesen Dingen sind. Was also tun?

Aus philosophischer Sicht ergibt es Sinn, nach dem Zweck des Gespräches zu fragen, in dem die Äußerung eine Rolle spielt. Friedrich Schleiermacher (1768–1834) unterscheidet drei typische Formen: das gesellige Gespräch, in dem Menschen sich austauschen, um einander kennenzulernen, das wissenschaftliche Gespräch, das der Erkenntnis dient, und das geschäftliche Gespräch, bei dem es um die Erledigung von Arbeiten geht. Im geselligen Austausch ist das Belehren fehl am Platz. Bis heute empfinden wir es als absolut unangemessen, wenn jemand in ausgelassener Stimmung anfängt, Vorträge zu halten oder die Äußerungen der anderen auf die Goldwaage zu legen. Im wissenschaftlichen Gespräch geht es dagegen nicht um das Vergnügen am Austausch mit anderen, sondern um eine Sachklärung im Namen der Wahrheit. Entsprechend ist die Korrektur nicht nur zulässig, sondern ausdrücklich erwünscht. Ähnlich sieht es aus, wenn Dinge in beruflichen Zusammenhängen verhandelt werden. Auch hier ist es erforderlich, Irrtümer im Gespräch zu korrigieren, da Fehler von anderen übernommen werden könnten und damit der geschäftliche Erfolg, den alle gemeinsam anstreben, gefährdet wird.

Im Grunde sollte man für jede rechtzeitige Richtigstellung dankbar sein. Ist der Fehler erst mal in das System eingesickert, können die Folgen größer, peinlicher und teurer werden. Allerdings befinden sich die Mitarbeiter nicht nur in einer Situation der Kooperation, sondern sie wetteifern auch miteinander. Wer sich hervortut, empfiehlt sich für eine Beförderung, wer häufig durch Fehler auffällt, muss vielleicht befürchten, entlassen zu werden. Versagensangst und Schadenfreude sitzen deshalb bei Besprechungen und Präsentationen mit am Tisch. Souveräne Mitarbeiter und Chefs wissen, dass diese Atmosphäre Gift für jedes Kollegium ist. Insofern kommt es darauf an, die Korrektur so vorzubringen, dass sie in der Sache begründet ist und die Person nicht angegriffen wird. Im besten Fall war es ein Versprecher oder ein Missverständnis. Vielleicht kann man die Korrektur als vorsichtige Rückfrage anbringen, sodass dem Kollegen die Möglichkeit eingeräumt wird, die Sache selbst zu klären und dadurch seine persönliche Stärke unter Beweis zu stellen. Kurz und bündig: Korrigieren, ja! Bloßstellen, nein!

Darf ich per Mail oder im Büronetzwerk über meine Kollegen lästern?

»Hier, guck mal, den hab ich mir gestern neu gekauft. Super Schnäppchen. Aber echte Markenware!« Tina wedelt mit einem Zipfel ihres neuen Designerschals vor Ingas Nase rum.

Leicht angestrengt ringt diese sich ein mildes Lächeln ab und nickt freundlich: »Toll, wirklich. Steht dir auch echt super.«

In Gedanken spielt sich derweil ein ganz anderes Szenario ab: ›Tu mir einen Gefallen, du blöde Tussi, verzieh dich an deinen Schreibtisch und fang endlich an zu arbeiten, wie alle anderen hier auch. Dieser doofe Designerschal interessiert mich nämlich grade nicht die Bohne, und wenn du nicht gleich deine Klappe hältst, dann flippe ich aus!‹

Es dauert noch geschlagene drei Minuten, bis Tina ihrer Begeisterung über die Neuerrungenschaft endlich zur Genüge Ausdruck verliehen hat, bevor sie selig grinsend von Inga ablässt, die kurz davor ist, ihre Gedanken laut auszusprechen.

Nur Sekunden, nachdem Tinas Silhouette aus der Bürotür verschwindet, ploppt das Mailfenster auf dem Bildschirm auf.

Na, Verbalattacke überlebt? Hab's bis hierhin gehört ... Hoffe, dir quillt das Gucci-Geseier nicht schon zu den Ohren raus!

Inga grinst. Wenigstens eine hier, die sie versteht. Es ist

ihre Kollegin Vera, die das Vorzimmer des Chefs mit strenger Hand regiert.

Aber so was von, antwortet Inga. *Noch eine Minute länger und ich hätte ihr den schäbigen Stofffetzen mit der blanken Faust in den Rachen gestopft.* Klick, senden – Sekunden später erklingt nur zwei Büros weiter leise Veras wohlvertrautes Kichern.

Prompt folgt die Antwort: *Ach, Inga, was erwartest du von einer Frau mit dem Horizont eines Regenwurms? Lass ihr den Schal und reg dich nicht auf ... Einfach einatmen und ausatmen, einatmen und ausatmen ...*

Mit einem breiten Grinsen im Gesicht lässt Inga ihre Finger über die Tastatur fliegen: *Versuch ich ja, aber allein, wenn ich dieses Kleinmädchengesäusel höre, stellen sich mir die Nackenhaare auf. Die soll doch einfach 'nen reichen Macker heiraten und mich zufriedenlassen – zu was anderem taugt die eh nicht ...*

Klick, und schon ist die Nachricht zwei Büros weiter. Tut das gut, sich den Frust derart von der Seele zu schreiben. Also irgendwie zumindest, denn weiter hinten – also da, wo Inga ihr Gewissen vermutet – nagt leise, aber beständig ein kleiner Zweifel: Ich bin ganz schön gemein. Aber wenn ich ihr einfach sage, dass mich das nervt, dann ist hier der Teufel los. Aber irgendwie muss man ja mal seinen Frust ablassen. Ich tu ja keinem weh. Und so ein bisschen lästern ...

So entscheidet der Freundeskreis

→ **JA-Sager**
Dagmara (29): Ich sehe dabei keine moralische Verwerflichkeit.
Jochen (25): Das gehört irgendwie dazu, den Frust, den man wahrscheinlich bei jedem mal hat, irgendwie abzubauen. Das heißt, man muss mit irgendwem darüber reden.

Isa (22): Mach ich eigentlich nicht, weil ich ein sehr direkter Mensch bin. Deswegen halte ich davon überhaupt nichts.

Ingo (20): Wenn, dann würde ich das direkt klären.

Hella (30): Nö! Wenn ich was zu sagen habe, dann muss ich es persönlich sagen.

Lutz (31): Wenn ich lästere, dann akzeptiere ich mein Gegenüber irgendwo nicht. Das finde ich nicht richtig.

Das sagt der Philosoph

Menschen, mit denen ich im Beruf umgehen muss, kann ich mir nicht aussuchen, wie ich das in meiner Freizeit tun kann. Man findet sich gezwungenermaßen im selben Unternehmen oder gar im selben Büro wieder, arbeitet an gemeinsamen Aufgaben, kooperiert und konkurriert zur selben Zeit. Sosehr man sich auch bemühen mag, Privates und Berufliches nicht miteinander zu vermischen, kommt man nicht umhin, sich auch mit dem anderen als Person zu beschäftigen. Das kann – bei gegenseitiger Sympathie – zu guten kollegialen Beziehungen führen oder eben auch zu distanzierten, angespannten oder gar offen feindseligen. Auf jeden Fall bildet sich immer neben der formellen Hierarchie, die durch die Positionen im Unternehmen vorgegeben ist, eine zweite, informelle Ordnung, die aus gruppendynamischen Prozessen erwächst.

Man kann diese Strukturen an den Mailverteilern nachvollziehen: Wen ich lästernd ins Vertrauen ziehe, der gehört zu meiner Gruppe. Wer zum Opfer dieses Lästerns wird, bleibt außen vor. Dabei sollte sich niemand darüber hinwegtäuschen lassen, dass er selbst nicht auch jederzeit zum Gegenstand von Tratsch und Klatsch werden kann. Neben der Gruppenbildung kann das Lästern auch eine weitere wichtige

Funktion haben: Es verstoffwechselt soziale Konflikte, die im Rahmen der formellen Ordnung nicht aufgelöst werden (können): Benachteiligte können so Dampf ablassen, Missverstandene Verständnis einholen, Frustrierte Trost erhalten …

Im besten Fall ist das Thema nach einer Mail verdaut, und man kann dem anderen, über den man gerade noch hergezogen ist, ohne Groll und Vorbehalt begegnen. Es gibt aber auch den anderen und vermutlich häufigeren Fall, dass nämlich die Lästerei nicht zum Abbau, sondern zum Aufbau von Missstimmungen beiträgt. Mit jeder Mail verhärten sich die Fronten, und Personen geraten ins Kreuzfeuer, vielleicht ohne überhaupt etwas davon zu ahnen. Hier ist die Grenze zum Mobbing ausgesprochen schnell überschritten. Oft empfinden die Täter dabei gar kein Unrecht, da sie ja vermeintlich etwas völlig Normales getan haben, nur eben etwas intensiver.

Es stellt sich also die Frage, ob Lästern grundsätzlich moralisch zulässig ist oder nicht. Lästern ist eine Form des respektlosen Über-jemanden-Redens, in der Absicht, die Ehre dieser Person im Kreis der Lästernden zu beschädigen. Dabei nutzt man aus, dass das Opfer die Darstellungen und Deutungen nicht kommentieren oder gar korrigieren kann. Der Grat zwischen der humorvollen Spitze und der offenen Gehässigkeit ist schmal. So wie jeder mit Recht einen respektvollen und wertschätzenden Umgang wünscht, sollte er auch selbst dazu beitragen, das Lästern nicht zum Grundstil der Bürokommunikation werden zu lassen. Dort, wo Lästern massiv auftritt, gibt es erhebliche Konflikte im sozialen Geflecht, die schon aus Gründen der Unternehmenskultur vermieden oder gelöst werden müssen. Hier sind die Verantwortlichkeiten klar zugewiesen: Ein aufmerksamer und gerechter Vorgesetzter gibt den Ton des Umgangs vor. D. h. im Umkehrschluss, dort wo der Betriebssegen schief hängt, ist das

Lästern oft nicht die Ursache, sondern die Folge von Organisations- und Führungsfehlern. Um Lästereien abzustellen, kann man also nach dem Kern des Problems suchen und es im Rahmen der formellen Ordnung zu lösen versuchen. Ein direktes Gespräch kann zur Verständigung beitragen, wenn ich nicht nur mein Unbehagen vorbringe, sondern auch auf die Sichtweise des anderen höre. Manchmal wird auch deutlich, dass der Stein des Anstoßes eigentlich nur das Symptom einer größeren Problematik ist, sodass alle erleichtert sind, wenn man endlich das Problem an der Wurzel packt.

Ich gestehe ein, dass diese Vorschläge sehr optimistisch sind und ein wenig außer Acht lassen, dass die Menschen am Arbeitsplatz unter hohem Konkurrenzdruck stehen. Dies ist m. E. kein Einwand, sondern die eigentliche Herausforderung: Bin ich bereit, das Prinzip der Menschlichkeit durchzuhalten, auch wenn ich dadurch vielleicht Nachteile in Kauf nehmen muss?

Muss ich Kollegen meine Hilfe anbieten, wenn ich rechtzeitig mit der Arbeit fertig bin, sie aber nicht?

War das heute eine Schicht! Wo kamen denn plötzlich die ganzen Leute her? Mittwochabend ist es doch sonst immer total ruhig. Katja ist im Arsch. Sechs Stunden hat sie in der Küche durchgepowert. Und Christine, ihre Kollegin, hat vorne am Tresen die Stellung gehalten. Die beiden arbeiten regelmäßig zusammen im Café Brazil, einer Studentenkneipe, in der es eher entspannt zur Sache geht. Nicht so heute! Plötzlich hat eine Ladung Gäste das Café gestürmt – und alle wollten was essen. Also hat sich Katja in die Küche verdrückt und gefühlte 300 Schinken-Käse-Baguettes und noch mehr Chili con Carne zubereitet. Logisch hat sie sich auch noch mittendrin die Finger verbrannt. Stress allein reicht ja nicht zum fröhlichen Arbeiten.

Jetzt noch die Töpfe abspülen, dann ein gemütliches Feierabendbier und ab in die Falle. Schließlich muss Katja morgen früh wieder um acht an die Uni. Und einnicken während der Vorlesung kommt nicht so gut an bei den Herren Professoren. Katja schiebt also ihre müden Knochen nach vorne, lässt sich stöhnend in den Sessel neben der Bar plumpsen und schaut zu Christine. Aber wo ist Christine? Katja kann sie kaum mehr hinter den unzähligen dreckigen Weizengläsern und gestapelten Tellern sehen. Jetzt ein Bier bei Christine bestellen käme wahrscheinlich nicht so gut. Also schiebt sich Katja selbst an den Zapfhahn und lässt einlaufen. »Kann ich dir auch was einschenken«, fragt sie ihre Kollegin. »Keine Zeit«, antwortet Christine knapp und hetzt schon wieder zu einem voll besetzten Tisch.

Katja setzt sich wieder an ihren Platz, trinkt einen Schluck, aber entspannen kann sie nicht. Wie soll sie auch, wenn Christine so gestresst ist? Aber hey, Katjas Schicht hat schließlich schon zwei Stunden früher begonnen als Christines. Jetzt ist Katja einfach fertig mit der Welt. Und am Anfang des Abends, als Katja schon total in der Küche rotierte, kam Christine auch nicht nach hinten, um ihr zu helfen. Also bleibt sie jetzt schön hier bei ihrem wohlverdienten Feierabendbier sitzen und hat kein schlechtes Gewissen, weil sie ihre Kollegin im Stich lässt. Tut sie nämlich nicht.

Verdammt! Christine schaut schon so aus, als würde sie gleich anfangen zu heulen. Die ist aber auch ehrlich ein bisschen lahm. Katja selbst hätte das jetzt alleine locker geschafft. Aber Christine ist irgendwie nicht richtig gemacht für den Job. In dem Tempo muss die noch bis morgen früh bleiben und abspülen. Und an Tisch 7 starren schon wieder die drei Taxifahrer in Katjas Richtung, weil sie hoffen, Katja erbarmt sich ihrer und nimmt die Bestellung auf. Nein, jetzt nicht. Kein Bock. Katja tun die Füße weh, die Blase am Ringfinger brennt und irgendwann muss doch mal Schluss sein.

Verdammt, verdammt!!! Katja steht auf, schlurft zu den Taxifahrern, schlurft zur Theke, macht drei Cappuccino und liefert sie an Tisch 7 ab. Auf dem Rückweg zu ihrem »Feierabendbier« bestellt ein anderer Tisch noch eine weitere Karaffe Rotwein. Wie ferngesteuert gießt Katja den Wein in die Karaffe, schnappt vier Gläser und bringt sie den Gästen. Jetzt ist es auch schon egal, denkt sich Katja. »Soll ich dir noch helfen, Christine?« Die Antwort braucht Katja gar nicht erst abzuwarten, geht an die Spülmaschine und fängt an, das dreckige Geschirr einzuräumen. Doofes schlechtes Gewissen!

So entscheidet der Freundeskreis

→ **JA-Sager**

Karl (30): Ich kenne das nur zu gut aus dem Büro. Und ich kann da nicht einfach abhauen. Lieber ein bisschen länger bleiben und mithelfen, als den Kollegen hocken lassen.

Luisa (25): Ich finde schon, dass man da seine Hilfe anbieten muss. Ich freue mich ja auch, wenn umgekehrt mir jemand hilft. Ist doch nur kollegial.

← **NEIN-Sager**

Benjamin (36): Es gibt immer so Streber, die noch länger und noch länger und noch länger bleiben. Und damit man nicht wie so ein faules Ei rüberkommt, macht man auch Überstunden. Das ist doch Quatsch. Deshalb habe ich es mir abgewöhnt, ein schlechtes Gewissen zu haben, und gehe, wenn ich fertig bin.

Uta (20): Wenn ich jedes Mal länger bleibe, nur weil Kollegen nicht mit der Arbeit fertig werden, dann kann ich ja gar nix Privates mehr nach dem Job machen.

Emil (28): Es ist doch so, dass jeder mal länger arbeiten muss. Deshalb müssen doch nicht alle anderen drunter leiden. Heute bin ich es, morgen der Kollege. Und da hab ich auch kein Problem, früher die Biege zu machen.

Das sagt der Philosoph

Im privaten oder öffentlichen Leben greifen Sitten und Konventionen regelnd in unser Leben ein. Der alte Satz »Das tut man nicht!« findet dann dumpfen Widerhall in unserem Gedächtnis, und je nach Situation sind wir dankbar für diese Orientierungshilfe oder verfluchen die Einschränkungen, die er mit sich bringt. Der Philosoph Martin Heidegger (1886–1976) machte darauf aufmerksam, dass die anonyme Stimme des Man in uns, die uns vorschreiben will, »was man zu tun oder zu lassen hat«, die Entscheidung des Gewissens nicht ersetzen kann. Das Man ist die Stimme der Gesellschaft, die uns durch Erziehung oder Sozialisation eingepflanzt wurde. Die Tragik besteht nun darin, dass ich durch die Befolgung der Befehle des Man nicht zwangsläufig auch das Gute tue, sondern nur das gesellschaftlich Anerkannte. Wir wissen aber aus der Geschichte, dass hier ein großer Wandel zu beobachten ist: Sklaverei, Ausbeutung der Natur, Diskriminierung von Minderheiten usf. geschahen mit voller Zustimmung des Man. Die Frage nach dem Guten wird dagegen vor der Instanz des Gewissens verhandelt.

Das Arbeitsleben ist ein besonders unübersichtliches Feld, wenn es um diese Fragen geht. Nicht etwa, weil dort die Richtschnur von Gut und Böse nicht gelten würde, sondern weil hier das Gewissen, die Stimme des Man und die Logiken von Gewinn und Verlust, Investition und Rendite, Kosten und Nutzen miteinander in Konkurrenz geraten. Dies wird deutlich am Beispiel der kollegialen Hilfe. Selbstverständlich hilft man (!) Kollegen, wenn denen die Arbeit über den Kopf wächst. Menschen, die es nicht tun, haben mit gesellschaftlichem Druck zu rechnen. Wenn jemand minutengenau seinen Arbeitsplatz verlässt, obwohl es ihm möglich wäre, mit wenigen Handgriffen einen Kollegen zu unterstützen, gilt er als unkollegial. Dabei könnte er sich darauf berufen, dass er alle Verpflichtungen, die aus dem Arbeitsverhältnis erwachsen, erfüllt hat. Die Kollegenhilfe wird ihm schließlich nicht vergütet. Im Gegenteil: Der Kollege kassiert ein Gehalt für eine Arbeitsleistung, die er nicht in vollem Umfang selbst erbracht hat. Es wird deutlich, dass die Logik des Aufrechnens nicht im Einklang mit den Verhaltensschablonen des Man steht.

Wie aber kann man nach genauer Gewissensprüfung und philosophischer Besinnung urteilen? Jemandem zu helfen, der in Not ist, ist ja nicht nur gesellschaftliche Konvention, sondern auch ein ethisches Gebot. Vielleicht ist eine pauschale Antwort gar nicht möglich. Unterscheiden wir lieber denkbare Konstellationen: Ist der Kollege, der Hilfe in Anspruch nimmt, einfach nur faul und kalkuliert mit meiner Unterstützung, dann habe ich alles Recht, die Hilfe auszuschlagen. Wenn er aber nur akut überfordert ist, weil er krank ist oder private Probleme hat, dann ist eine Hilfe nicht nur Gebot der Kollegialität, sondern auch der Menschlichkeit. Interessant ist der dritte Fall: wenn die Überforderung des Kollegen gar nicht von ihm selbst verursacht ist, sondern an den Arbeitsverhältnissen liegt, weil etwa zu wenig Personal für die anstehenden Aufgaben zur Verfügung steht. Dann nämlich steht die Vermutung im Raum, dass der Arbeitgeber in ausbeuterischer Weise auf die Wirksamkeit des Man setzt, damit die Kollegen einander aus Solidarität unterstützen und in der Summe wesentlich mehr arbeiten, als sie vergütet bekommen, also unbezahlte Überstunden leisten. In diesem Fall stabilisiere ich durch meine Hilfe ungerechte Arbeitsverhältnisse. Sicher sind die Schmerzgrenzen hier unterschiedlich, und man wird es sich sicher zweimal überlegen, ob man diesen Sachverhalt offensiv mit dem Arbeitgeber besprechen soll. Moralisch jedenfalls sind wir gerechtfertigt, wenn wir in einem solchen Fall auch die wirklich Verantwortlichen in die Pflicht nehmen.

Darf ich im Büro oder Café eine allgemein zugängliche Zeitschrift mit aufs Klo nehmen?

Jeden Tag ist es dasselbe Spiel. Du kannst regelrecht die Uhr danach stellen. Alle Kolleginnen und Kollegen haben sich bei der Arbeit eingefunden, sich an ihren Schreibtischen häuslich eingerichtet, den Rechner hochgefahren, den Kaffee in Position gebracht. Es ist noch keine halbe Stunde vorbei, da schnappt sich Thorsten die Tageszeitung und marschiert geradewegs in Richtung Herrenklo.

Nach zehn Minuten kommt er dann sichtbar leichten Schrittes zurückgeschlendert, legt die Zeitung zurück in die allgemeine Ablage und macht sich an die Arbeit. Und nur um Missverständnisse aus dem Weg zu räumen: Es ist nicht Thorstens Zeitung. Es ist auch nicht die Zeitung von vorgestern, die notfalls als Klopapier herhalten könnte, wenn alle Stricke reißen. Es ist die aktuelle Tageszeitung, in die fast jeder im Büro irgendwann mal im Laufe des Tages einen Blick wirft.

Obwohl in diesem Büro fast alles Anlass liefert, dass darüber hergezogen wird, scheint Thorstens Klolektüre ein Tabuthema zu sein. Oder aber, es stört einfach keinen außer Samira. Aber Samira stört es definitiv. Sie findet es einfach total widerlich. Zuhause kann der ja so viele Zeitungen auf dem Klo lesen, wie er will, aber bitte nicht hier! Samira sieht sich in der Runde ihrer Kollegen um. Den Jungs ist das wahrscheinlich wirklich wurst. Die stört es ja auch nicht, dass Oli immer in der Nase popelt oder dass Kai nur alle drei Wochen seine Klamotten wäscht.

Samira fragt sich, ob es ihre Kollegen auch nicht stören würde, wenn sich dasselbe Szenario zum Beispiel beim Arzt im Wartezimmer abspielen würde. Da sitzen alle in der Runde, in der Mitte steht der Tisch mit den Magazinen – und dann grabscht sich einer der wartenden Patienten eine Zeitschrift und verschwindet auf der Toilette. Da wäre doch sicher der Teufel los. Neben den ganzen Grippeviren und dem, was sonst noch so in einem Wartezimmer rumfliegt, kämen jetzt auch noch die ekligen Keime von der Toilette dazu. Bäh. Nicht reinsteigern, denkt sich Samira. Sonst bekommt sie gleich wieder Herpes.

»Psst, Eva! Hast du's gesehen? Thorsten hat schon wieder die Zeitung mit aufs Klo genommen. Das ist doch scheiße!«

»Ich habe nichts gemerkt«, antwortet Eva.

»Ach komm – jeden Tag läuft das gleich ab. Ich habe das so richtig vor Augen, wie er da auf der Schüssel hockt und in der Zeitung blättert. Das ist so abartig.« Samira schüttelt sich bei dem Gedanken. Aber Eva zieht bei aller Anschaulichkeit nicht mit. Also setzt Samira noch eins drauf: »Du musst dir das mal vorstellen. Der macht da sein Geschäft, mieft die Kabine voll, wischt sich den Hintern ab, greift mit derselben Hand die Zeitung und mischt sie dann wieder ganz nonchalant unters Volk.«

Eva reagiert nicht mehr. Sie ist schon wieder ganz in ihren Rechner vertieft.

Das gibt es doch nicht, denkt sich Samira. Ist sie jetzt die totale Spießerin? Aber das kann doch nicht sein, dass tatsächlich alle gelassener damit umgehen? Selbst wenn! Samira bleibt bei ihrer Meinung: Eine allen zugängliche Zeitung mit aufs Klo nehmen sollte verboten werden.

So entscheidet der Freundeskreis

JA-Sager →

Jonas (23): Wieso sollte das denn nicht okay sein? Ich wisch mir ja nicht den Hintern mit der Zeitung ab. Und die geht im Laufe des Tages durch so viele Hände. Da kommen sicher noch ganz andere Sachen dran.

Andreas (26): Wo, wenn nicht auf dem Klo, hat man so viel Zeit zum Entspannen und Zeitunglesen? Den Luxus lass ich mir nicht nehmen. Weder zu Hause noch in 'ner Kneipe oder im Büro.

NEIN-Sager ←

Vanessa (32): Ich finde es ja schon eklig, wenn sich Leute zu Hause auf ihrer eigenen Toilette Stunden verkriechen und im eigenen Mief die Zeitung durchblättern. Aber auf 'ner Toilette bei der Arbeit! Das ist ja totales Tabu.

Nicole (19): Ich beobachte das total oft in Cafés. Und ich finde das echt abgrundtief abartig. Das sind aber auch immer nur Männer. Bäh.

Holger (30): Bei mir in der Arbeit machen das auch einige. Aber die stört das auch nicht, wenn du sie direkt drauf ansprichst. Die finden das sogar noch witzig. Deshalb lese ich lieber meine eigene Zeitung.

Das sagt der Philosoph

Der Mensch ist ein seltsames Geschöpf: Einerseits ist er ein Wesen der Freiheit und der Vernunft und auf der anderen Seite ein Geschöpf der Natur, die ihm zur Aufgabe gemacht hat, körperliche Bedürfnisse auch in Zeiten hoher Zivilisation zu befriedigen. Kulturen gehen ganz unterschiedlich mit diesen leiblichen Funktionen um, vielfach sind sie mit Scham belegt und deshalb unter Ausschluss der Öffentlichkeit zu vollziehen. Wir speisen in großer Gemeinschaft, ziehen uns für Ausscheidungsvorgänge aber auf das »stille Örtchen« zurück. Wir zeugen Kinder im intimen Rahmen und gebären in Anwesenheit eines medizinischen Stabes am öffentlichen Ort des Kreißsaales, wo jederzeit ein Fremder den Kopf durch die Tür stecken kann. Die Beispiele könnten den Eindruck erwecken, als wären die Verrichtungen leiblicher Notdurft ›sauber‹ von denen unserer Selbstverwirklichung im öffentlichen Leben zu trennen. Doch unsere leibliche Existenz betrifft uns nicht nur in der Episode des Morgenurins, sondern begleitet uns rund um die Uhr.

Der Philosoph Peter Sloterdijk (* 1947) stellt in seiner »Kritik der zynischen Vernunft« völlig zutreffend fest, dass selbst Politiker furzen müssen, und zwar sogar während sie eine große Bundestagsrede halten. Diese Einsicht ist natürlich ebenso brisant wie trivial: trivial, weil das Menschliche auch der Prominenz nicht erspart bleibt, selbst wenn sie in den Medien als Lichtgestalten dargestellt werden. Brisant, weil sich in den leiblichen Regungen auch eine verdrängte Seite unserer Existenz zeigt, eine Seite, der gegenüber wir selbst als Bundeskanzlerin letztlich ohnmächtig sind. Und deshalb verbergen wir unsere leiblichen Regungen nicht nur mit Rücksicht auf eine Belästigung der anderen, sondern auch aus Gründen der Scham darüber, dass es Geschehnisse gibt, derer wir als Personen nur bedingt mächtig sind: Magenknurren, Schluckauf, Aufstoßen, Erbrechen, Kopfschmerzen, Mundgeruch (von sexuellen Dingen ganz zu Schweigen) sind harmlose Anzeichen einer tieferen Ohnmacht, die letztlich unsere Hinfälligkeit als fleischliche Wesen unterstreichen.

In früheren Zeiten konnten die Menschen dies durch die Rituale des Glaubens oder eine Kultur des Genießens beantworten: »Carpe diem – pflücke den Tag!« Heute gilt es, insbesondere im Arbeitsleben, diese Aspekte auszublenden, weil man sich keine Blöße geben will. Gleichwohl bietet sich auch uns noch die Rückseite von Scham und Ekel: die Lust an der leiblichen Existenz. Die Gemütlichkeit der ausgiebigen Lektüre auf der Toilette und der entspannende Vollzug körperlicher Ausscheidungen kann wie eine Insel im Getriebe des Alltagslebens sein, auf der manche gerne eine kleine Auszeit nehmen. Am stillen Ort darf man sich für eine Weile mit seiner Natur versöhnen, bevor man wieder zurückkehrt in die Welt der Kontrolle und des Funktionierens.

Vor diesem Hintergrund muss die Frage nach der Zeitung, die man über die Schwelle zwischen beiden Welten getragen hat, diskutiert werden. Vordergründig würde man vermutlich hygienisch argumentieren oder vielleicht auf eine mögliche geruchliche Kontamination des Papiers hinweisen, doch darin besteht nicht das eigentliche Problem, denn bei öffentlichen Zeitschriften, etwa im Wartezimmer des Arztes, stört es uns ja auch nicht, dass die Blätter durch viele – nachweislich infizierte – Hände gegangen sind. Nein, wir ekeln uns, als wäre die Zeitung magisch von einem reinen Druckerzeugnis zu einem Symbol unserer Hinfälligkeit verwandelt worden. In vielen Kulturen sind die Schwellen zwischen dem Weltlichen und dem Spirituellen mit Tabus belegt: Orte, die nicht betreten, Dinge, die nicht berührt oder angeblickt werden dürfen … Wer eine öffentliche Zeitung mit auf die Toilette nimmt, begeht gewissermaßen auch einen Tabubruch, er macht ein Ding zum Zeugen oder Komplizen seiner irdischen Verrichtungen und bringt es dann wieder in den öffentlichen Raum. Und da liegt dann der Papierhaufen und schreit: »Dieser Mann hat soeben seinen Darm entleert! Dabei haben sich Gerüche entwickelt! Und auch, wenn ihr es nicht zugeben wollt: Ihr tut alle dasselbe!«

Wenn man die Sache etwas handfester betrachtet: Es spricht im Prinzip nichts dagegen, ausgelegte Zeitschriften mit auf eine öffentliche Toilette zu nehmen, solange hygienisch alles unbedenklich bleibt. Allerdings sollte man sich darüber im Klaren sein, dass man ein zivilisatorisches Tabu bricht. Wenn auch in der Realität kein Schaden entsteht, so doch in der Fantasie der Menschen, die es beobachten. Vielleicht ist es also weniger eine Frage von Gut und Böse als eine Frage des Stils …

Darf ich einen Untergebenen vor allen anderen bloßstellen, wenn er offensichtlich einen Fehler gemacht hat?

Berlin, 04. November 2010
Pressekonferenz im Bundesfinanzministerium

Erster Akt
Bundesfinanzminister Wolfgang Schäuble, der im Rollstuhl sitzt, und sein Pressesprecher Michael Offer kommen in den Saal. Man hört Stühlerücken und das Auslösen der Fotokameras.
Auf dem Weg zu seinem Platz übt Wolfgang Schäuble erste Kritik. Er wurde direkt an einem Tischbein platziert. Zu Offer gewandt sagt er: »Wenn Sie mal darauf achten könnten, dass ich da nicht sitzen kann …« Die Herren nehmen Platz.
Michael Offer: »Ja, meine sehr verehrten Damen und Herren. Ich begrüße Sie ganz herzlich zur Pressekonferenz mit dem Bundesfinanzminister. Wir haben eben unsere Pressemitteilung auch verteilt dazu. Es hat da …«
Das Publikum verneint.
Offer: »… ist noch nicht verteilt. Sie läuft im Moment dann seit einigen Minuten über die Ticker …«

Schäuble (an die anwesenden Journalisten gewandt): »Wir verteilen's. Dann haben Sie
nämlich die Zahlen, und ich brauch sie Ihnen
nicht vorlesen, Sie können sie mitlesen.
(Kurze Pause)
Ja, das hatt' ich grad vor 20 Minuten noch
gesagt, es wär schön, wenn die Zahlen verteilt werden.«
Michael Offer (will sich die Verunsicherung
nicht anmerken lassen): »Wir haben - wir haben noch einigen Service dazugegeben, äähh,
zwei Grafiken …«
Schäuble unterbricht ihn harsch: »Herr Offer, reden Sie nicht, sondern sorgen Sie dafür, dass die Zahlen jetzt verteilt werden.«
Peinliches Gelächter aus dem Publikum.
Offer versucht mit einem Lächeln die Situation herunterzuspielen: »Meine Kollegen kümmern sich ja schon …«
Schäuble unterbricht ihn abermals: »Und so,
und so lange verlasse ich jetzt noch mal die
Pressekonferenz. Wenn Sie die Zahlen verteilt haben, sagen Sie mir Bescheid.«
Offer: »Okay.«
Schäuble: »Das hatte ich Ihnen vor 'ner halben Stunde gesagt, sorry. Ich hatte Ihnen
die Wette angeboten, Sie werden sie nicht
verteilt haben - vor 'ner halben Stunde …«
Er rollt aus dem Raum und lässt seinen Pressesprecher vor der versammelten Mannschaft
sitzen.
Offer: »Gut, ich kümmere mich, wir sehen uns
gleich …«

Er rafft seine Akten zusammen und verlässt
die Szene.

Zweiter Akt
Schäuble rollt in den Raum zu seinem Platz
am Rednertisch, schaut in die Menge, grinst.
Leises Gelächter auch unter den Zuschauern.
Schäuble (in den Raum): »Kann mir mal einer
den Offer herholen?«
Schäuble lächelt weiter, die Kameras klicken
und surren, jeder der anwesenden Kameramän-
ner und Fotografen will ein möglichst gutes
Bild des grinsenden Bundesfinanzministers.
Schäuble grinst weiter: »Wir warten noch,
bis der Herr Offer da ist. Er soll den
Scherbenhaufen schon selber genießen.
(Pause, Schäuble grinst in die Runde)
Gut also … Aber jetzt holen wir den Offer
noch her. Das machen wir noch. So viel Zeit
muss sein. (Kurze Pause) Die politische Bot-
schaft haben Sie ja schon alle geschrieben.
Und sie ist im Übrigen falsch.«
Frage eines Journalisten aus dem Publikum:
»Welche war das noch mal genau?«
Schäuble (lässt sich Zeit mit der Antwort):
»Wir hätten neue Spielräume.«
Auftritt Offer mit einem Stapel Kopien, die
er unter Blitzlichtgewitter an die Journa-
listen aushändigt.
Michael Offer tritt an den Konferenztisch.
Schäuble: »Zeigen Sie mir mal, was Sie ver-
teilen lassen. (Pause, blickt auf die Unter-
lagen) Ich bin vorsichtig.«

Offer erklärt noch einiges zu den Unterlagen, von Schäuble ist zwei Mal ein deutliches »Sehr gut« zu vernehmen.
»Also, jetzt dürfen Sie es noch einen Moment sich anschauen. Ja, gut.«
Offer (verunsichert) zu Schäuble: »Soll ich jetzt noch mal begrüßen, oder?«
Schäuble (richtet sich an die anwesenden Journalisten): »Ja, sollen wir das jetzt noch mal machen? Oder wollen Sie es noch? Mir ist egal …«
Offer holt Luft, äußert sich mit einem »Ähm«, aber Schäuble fällt ihm erneut ins Wort:
»Im Gegensatz zu Ihnen hab ich ja Zeit.« (Grinst)
Gelächter aus dem Publikum.
Schäuble (maßregelnd): »Lachen Sie nicht.«
Offer: »Ich sach nur mal vielleicht, was die Neuerung ist. Wir haben hinten zwei Grafiken angefügt, eine für den Bund, eine für den Gesamtstaat, die Ihnen die Entwicklungen seit 2008 noch mal zeigen bei den Einnahmen. Und ich denke, dass der Herr Minister Ihnen gleich noch was dazu …«
Schäuble fällt Offer erneut ins Wort:
»Wenn Sie bisher nichts verteilt hatten, dann ist es auch keine Neuerung … (er macht eine kurze Pause) … jetzt fangen Sie an, komm, ich bin jetzt, äh …«
Offer beginnt: »Ich begrüße Sie …«
Von der Seite grinst ihn Schäuble an, die Worte »von meiner spöttischen Seite« sind

deutlich zu hören, der Rest geht in der Begrüßung Offers unter.
Offer: »… begrüße Sie ganz herzlich zu dieser Pressekonferenz …«

Vorhang

Originalvideo unter:
http://www.youtube.com/watch?v=7bcUzwYeXUk

Das sagen die Medien

NEIN-Sager

tagesspiegel.de: »Harter Führungsstil: Wolfgang Schäuble
hat seinen Pressesprecher Michael Offer fünf Minuten lang
vor laufender Kamera runtergeputzt. Das war unangemessen.«

Berliner Morgenpost: »Schäuble soll sich für Wutanfall entschuldigen … Schäuble soll seinen Sprecher nun öffentlich
um Verzeihung bitten, fordern Koalitionspolitiker. ›Es bleibt
zu hoffen, dass Herr Schäuble einen wirklich schlechten Tag
hatte und seine Fehler einsieht‹, sagt auch Lasse Becker, der
Chef der Jungen Liberalen. Eine Entschuldigung sei mehr als
angebracht. Der Finanzminister agiert schon fast menschen-
verachtend.

›So, wie sich Minister Schäuble aufgeführt hat, geht man
mit Schutzbefohlenen nicht um‹, sagt Carsten Schneider. Im
Gegensatz zu Schäubles Parteifreunden lässt sich der haus-
haltspolitische Sprecher der SPD namentlich zitieren. ›Es offenbart einen schlechten Stil, Mitarbeiter derart bloßzustel-
len.‹«

↔ JEIN-Sager

Spiegel Online: »Minister Gnadenlos ... Wolfgang Schäuble ist hart zu sich selbst – und zu seinen Mitarbeitern. Mit der öffentlichen Demütigung seines Sprechers aber ging er zu weit, nun hat Pressemann Michael Offer seinen Job hinge-worfen. ...

Offen wollte dem Minister zwar niemand schlechten Stil vor-werfen. Auch ließ die Kanzlerin ihren Regierungssprecher am Montag noch offiziell den Vorwurf zurückweisen, Schäuble mangele es an Führungskompetenz. Doch hinter vorgehal-tener Hand war die Meinung auch bei vielen Unionsleuten klar: Das geht gar nicht.«

stern.de: »Michael Offer quittiert Rüffel mit Rücktritt ... Schäuble hatte die öffentliche Schelte seines Sprechers in der ›Bild am Sonntag‹ bedauert. ›Bei aller berechtigten Verärge-rung habe ich vielleicht überreagiert‹, sagte er.«

User-Kommentare

→ JA-Sager

»Schäuble hat recht. Wieso soll er, wie kann er vor einem Kreis von Pressevertretern Zahlen erläutern, die jenen nicht vorliegen, obwohl er seine Mitarbeiter entsprechend ange-wiesen hat? Der Rüffel war berechtigt, in diesem Fall sogar und gerade coram publico.« (ein User auf tagesspiegel.de)

»Passt schon. Das war doch nötig, wenn der Herr seine zuge-sagte Arbeit nicht macht. Und nach der Sache wird ihm das wohl auch nie wieder passieren. Also hat er seine Lektion ge-lernt.« (ein User auf tagesspiegel.de)

»Ich fand das einen moderaten Kommentar von Schäuble. Wenn es einer nicht kann (Offer), darf man das auch kund-tun. Ich persönlich habe auch keine Lust, mir immer fadenscheinige Ausreden für schusselige Mitarbeiter auszudenken, die mal wieder verbaselt haben, was ich ausdrücklich angeordnet habe.« (ein User auf faz.de)

NEIN-Sager ←

»Wenn der Rüffel in der Öffentlichkeit sinnvoll gewesen wäre, würde er nicht solche negativen Schlagzeilen machen.« (ein User auf tagesspiegel.de)
»Das disqualifiziert Herrn Schäuble als Führungskraft.« (ein User auf tagesspiegel.de)

JEIN-Sager ↔

»Ist sicher in der Öffentlichkeit so nicht in Ordnung, aber Schäuble sollte mal darüber nachdenken, sich einen anderen Pressesprecher zu suchen: Wer in einer solchen Funktion reagiert wie ein gemaßregelter Schulbub, scheint mir fehl am Platz zu sein.« (ein User auf tagesspiegel.de)

Das sagt der Philosoph

Wenn man etwas über den Charakter eines Menschen erfahren will, sollte man sich immer anschauen, wie er mit Schwächeren umgeht. Die Hierarchien des Arbeitslebens statten Führungspersonen mit einer Fülle von Befugnissen und Rechten aus, während die Untergebenen den Weisungen des Vorgesetzten verpflichtet sind; dies ist Bestandteil ihres Arbeitsvertrages. Nun gibt es bekanntlich verschiedene Führungsstile, in denen sich nicht zuletzt auch die Persönlichkeit des Chefs abbildet. Der eine äußert sich eher monologisch autoritär, die andere bevorzugt einen sachlich-dialogischen Umgang. Solange in Ton und Wortwahl der Respekt vor der Person des Untergebenen gewahrt bleibt, ist es eine

Frage des persönlichen Geschmacks oder der jeweiligen Unternehmenskultur. Allerdings berechtigt die Führungsrolle nicht dazu, in irgendeiner Weise die persönliche Integrität des Mitarbeiters zu beschädigen, sei es in Form von cholerischen Ausfällen, sexuellen Übergriffen oder demütigenden Machtritualen. Der Mitarbeiter schuldet dem Unternehmen seine Arbeitskraft, die Würde seiner Person ist da nicht inbegriffen.

Insofern ist der Umgang des Ministers mit seinem Mitarbeiter moralisch nicht zu rechtfertigen, auch wenn dessen Motive sogar nachvollziehbar sind. Die Pressekonferenz ist nicht gut vorbereitet, und auch wenn nicht ersichtlich ist, wo die Gründe liegen, betrifft es offenkundig den Verantwortungsbereich Offers. Der richtige Weg wäre sicher gewesen, die Sache unter vier Augen zu klären, zumal der Mitarbeiter dann auch Gelegenheit gehabt hätte, seine Sicht der Dinge darzulegen und sich ggf. zu rechtfertigen. Statt professionell zu reagieren, verschafft sich der Minister nun Genugtuung durch ein kleines Tauschgeschäft: Offers Fehler wird in der Währung der Häme beglichen. Das spöttische Grinsen offenbart eine dunkle und zutiefst menschliche Regung, die schon Friedrich Nietzsche (1844–1900) in seiner Schrift zur »Genealogie der Moral« analysiert hatte: Die sadistische Freude, jemanden im Ausgleich für erlittenen Schaden quälen zu dürfen. Es ist die urzeitliche, vorchristliche Logik von »Auge um Auge, Zahn um Zahn«, die Schäuble sogar das Gefühl verleiht, im Recht zu sein. So kann es geschehen, dass große Verfehlungen manchmal mit dem besten Gewissen begangen werden ...

Total
sozial

Darf man in Geschäften kaufen, die im Verdacht stehen, Waren zu verkaufen, die in Sweatshops produziert wurden?

Es gibt Hausarbeiten, die können einem echt den Tag vermiesen. Das hat die doofe Schrödel doch mit Absicht gemacht. Yasemin sitzt kopfschüttelnd vor ihrem Laptop und starrt auf die endlos lange Google-Trefferliste zum Suchwort »Sweatshops«. Auf Seiten wie saubere-kleidung.de und greenamerica.org sind zahlreiche Unternehmen aufgeführt, die im Verdacht stehen, ihre Produkte unter unmenschlichen Arbeitsbedingungen herstellen zu lassen. Bei Wikipedia erfährt Yasemin, dass vor allem Textilien und Schuhe in sogenannten Sweatshops hergestellt werden. Das sind Fabriken, die einfache Arbeiter beschäftigen und ihnen Löhne zahlen, die unterhalb des Existenzminimums liegen. Außerdem sind die Arbeitsbedingungen sehr schlecht: zu viele Menschen in einem Raum, keine Klimaanlagen, zu viele Überstunden, keine Krankenversicherung und, und, und.

Wenn sie sich die Liste der Unternehmen ansieht, die man boykottieren sollte, weil sie in solchen Firmen produzieren lassen, könnte sie gleich ihren ganzen Kleiderschrank ausräumen. Gut, der ist reichlich vollgestopft mit Klamotten. Yasemin würde sich durchaus als Fashion-Victim bezeichnen, und ihren Status als Trendsetterin der Stufe hat sie sich hart erarbeitet. Stundenlang recherchiert sie regelmäßig in den Modezeitschriften ihrer Mutter und sämtlichen Fashion-Blogs, wie man was gerade trägt. Für eine Schülerin sind Markenklamotten aber trotz Nebenjob oft unerschwinglich. Yasemin stört das wenig; was ihr an Geld fehlt, macht sie einfach durch Kreativität wieder wett. Dafür erntet sie entsprechende Bewunderung bei ihren Mitschülerinnen.

Die Schrödel ist wahrscheinlich einfach neidisch, weil ihr Öko-Schick so scheiße aussieht, ist Yassis erster Gedanke, als ihr die zweifelhafte Ehre zuteilwird, das Thema »Sweatshops« zu bearbeiten. Dabei gibt es doch so schicke Öko-Label. Wenn sie dürfte, dann könnte sie der Schrödel ein Öko-Outfit zusammenstellen, dass sich selbst der verstaubte Rektor Konrad nach ihr umdrehen würde. Wäre aber wahrscheinlich vergebene Liebesmüh. Nur damit das niemand falsch versteht: Yassi würde sonst was dafür geben, sich auch in die coolen Öko-Fummel schmeißen zu können. Schließlich ist auch in Hollywood fair gehandelte Mode absolut angesagt. Aber die kann sie sich höchstens Secondhand leisten oder im Supersonderschlussverkauf. Wenn sie sich aber darauf beschränken würde, müsste sie wohl die halbe Zeit nackt oder in zusammengenähten Jutebeuteln in die Schule, weil sie einfach nicht genug Klamotten hätte.

Yasemin grinst kurz bei der Vorstellung, im selbst genähten Jute-Dress mit wirrem Haar und kaum Make-up stolz über den Schulhof zu flanieren. Hätte auch was – irgendwie. Aber mal ernsthaft, muss sie jetzt, wo sie weiß, wie die Sachen, die sie kauft und trägt, produziert werden, darauf verzichten? Nie wieder Billigshirts für 5,99 Euro? Muss man jetzt jeder Klamotte einzeln hinterherrecherchieren? Oder bibbernd vor dem Rechner auf das nächste Öko-eBay-Schnäppchen warten? Das kann's doch auch nicht sein.

So entscheidet der Freundeskreis

JA-Sager →

Jannis (23): Was heißt dürfen. Oft weiß man es ja gar nicht. Am Ende ist ja nicht der Kunde die Sau, sondern der Produzent.

Aram (20): Also, ich betreib jetzt nicht endlose Recherche, bevor ich was kaufe.

Kiera (25): Da kann man sich eh nie sicher sein. Und so viel Kohle hab ich jetzt auch nicht, dass ich mir das aussuchen kann.

NEIN-Sager ←

Nele (27): Ich achte schon darauf, dass ich Öko-Klamotten kaufe. Aber mit 'nem festen Job geht das auch.

Britt (23): Bei Klamotten mit Öko-Label hat man schon ein besseres Gewissen, klar.

Matze (32): Menschliche Arbeit hat ihren Wert. Dafür muss man halt auch zahlen. Billig kann ja nicht das einzige Kaufargument sein.

JEIN-Sager ↔

Miriam (30): Also, das kann man nicht so schwarz-weiß sehen. Wenn ich es wüsste, würde ich da nicht kaufen, aber ich versteh auch Leute, die knapp bei Kasse sind und es trotzdem tun.

Tara (23): Das ist schwer. Selbst Markenartikelhersteller stehen oft mal im Verdacht, so zu produzieren. Und nur Öko ist fast nicht machbar.

Das sagt der Philosoph

Wenn wir nach Klamotten gucken, treffen wir unsere Kaufentscheidungen meist in Hinblick auf Preis und Qualität und natürlich nach unserem Geschmack. Oft wissen wir gar nicht, woher die Ware stammt und wie sie produziert wurde. Das macht es ziemlich schwer, eine verantwortliche Entscheidung zu treffen, die dann auch noch sozial und ökologisch abgewogen ausfällt. Denn das Leid der unter schlechten Bedingungen arbeitenden Kinder oder die zerstörte Natur begegnen uns meist nur indirekt übers Fernsehen oder im Internet. Wer allerdings ein wenig nachdenkt, wird schnell von selbst drauf kommen, dass irgendwer draufzahlen muss, wenn man beim Discounter ein Schnäppchen macht. Aber auch beim Kauf von teuren Edelmarken ist das gute Gewissen nicht automatisch im Preis inbegriffen. Die meisten Textilhersteller wandern mit ihren Produktionen rund um die Welt. Sobald in einer Region die Löhne steigen oder das Arbeitsrecht verschärft wird, packt man die Zelte zusammen, um sie in einem anderen Land wieder aufzuschlagen.

In Bangladesch etwa arbeiten Näherinnen bis zu 90 Stunden in der Woche für einen Stundenlohn von ca. 9 Cent, ohne dass sie davon ihren Lebensunterhalt angemessen bestreiten könnten. Als die Frauen dort im Dezember 2010 auf die Straße gingen, um zumindest die Zahlung des monatlichen Mindestlohns von 32 Euro einzufordern, wurden drei von ihnen von der Polizei getötet und über 150 zum Teil schwer verletzt. Es ist bekannt, dass auch deutsche Markenkleidung in Bangladesch produziert wird.

Werde ich also zwangsläufig mitschuldig an Verbrechen gegen Menschlichkeit und Natur, wenn ich arglos einfach irgendein T-Shirt kaufe? Es ist nicht zu leugnen, dass unser Lebensstil eine Kehrseite hat, die uns meist verborgen bleibt.

Wenn die Dinge, mit denen wir uns umgeben, schreien könnten angesichts der Schuld, die sich in ihnen angesammelt hat, würden wir unser eigenes Wort nicht mehr verstehen. Doch auf dem langen Weg von der Produktionsstätte über Zwischenhandel bis in die Warenhäuser verstummt die Anklage der ausgebeuteten Menschen und der geschändeten Natur. Angeklagt sind die Produzenten, die unter Kosten-Nutzen-Abwägungen von sozialem Elend profitieren, angeklagt sind die Regierungen, die keine strengen Bestimmungen im Arbeitsrecht erlassen und sogar vorhandenes Recht nicht durchsetzen, und schließlich auch die Konsumenten, denen es vor allem auf den günstigen Preis des Artikels ankommt.

Es entsteht eine Konstellation, in der alle den schwarzen Peter der Verantwortung hin und her schieben können. Der Kunde sagt: »Ich kaufe schließlich nur das Produkt, an der Ausbeutung ist der Produzent schuld.« Und auch der Hersteller stellt sich gerne als Opfer dar: »Da die Kunden immer nach dem preiswerteren Artikel greifen, muss ich immer billiger produzieren, um gegen die Konkurrenz bestehen zu können.« Und so reden sich alle ein, dass unser Stil von Produktion und Konsum – wie man neuerdings so schön sagt – »alternativlos« sei.

Doch schon durch meine Kaufentscheidungen kann ich dazu beitragen, dass sich das ändert. »Umweltsäue« und Kinderausbeuter kann ich durch Boykott abstrafen, engagierte Unternehmen im Gegenzug unterstützen. Hier muss ich mich allerdings auf Medienberichte, Label und Imagekampagnen verlassen. Eine weitere Idee wäre, weniger, aber dafür hochwertigere und verantwortlich produzierte Teile zu kaufen, an denen ich dann auch länger Freude habe. Dies würde allerdings bedeuten, nicht mehr jedem modischen Trend folgen zu können oder ihn gar zu setzen, sondern sich im Zweifel mit langweiligen Klassikern zu begnügen.

Yasemin hat einen sehr genauen Blick für die Problematik gewonnen. Ist sie jetzt aufgrund ihrer Erkenntnis auch verpflichtet, Alternativen für ihren bisherigen Umgang mit Kleidung zu suchen? Ein modisch interessierter Mensch wie Yasemin ist vermutlich kreativ genug, um sein ökologisches Gewissen und das individuelle Ausdrucksbedürfnis durch Mode auch mit knappen Mitteln unter einen Hut zu bringen. Für alle, die nicht so kreativ sind, könnte folgender Hinweis ganz hilfreich sein. Denn auch wenn sich hier nicht mehr nachvollziehen lässt, woher die Ware stammt: Secondhand-Ware hilft die Schuld zu minimieren, schließlich wurde für den Kauf des Kleidungsstücks nicht erneut ein Produktionsprozess in Gang gesetzt. Und Retromode erlebt schließlich dieser Tage ständige Renaissancen. Vielleicht ist das Wissen um die Produktionsumstände für den ein oder anderen auch Grund genug, selbst zu Schere und Nadel zu greifen, um gebrauchten Klamotten neues Leben einzuhauchen.

Muss ich mich mit dem Weltgeschehen beschäftigen, auch wenn ich keinen Bock darauf habe?

Schweres Erdbeben verwüstet den Karibikstaat

Eine Minute, die Haiti für immer verändern wird: Ein Erdbeben der Stärke 7,0 verwandelt den Karibikstaat in eine Trümmerwüste. Mehr als 230 000 Menschen sterben, rund eineinhalb Millionen werden obdachlos.

Massenpanik bei der Loveparade

Im Gedränge und einer Massenpanik sterben bei der Loveparade in Duisburg 21 Menschen. Danach beginnt ein öffentliches Schwarze-Peter-Spiel um die Schuldfrage. Die Verantwortung übernimmt schließlich niemand. Für das Technofestival bedeutet die Katastrophe das endgültige Aus.

Golf von Mexiko – die bisher größte Ölpest aller Zeiten

Am 22. April, zwei Tage nach der Explosion, die elf Menschen in den Tod riss, sank die Bohrinsel *Deepwater Horizon*. Die Verbindung zwischen Förderplattform und Bohrloch riss ab, und das Öl begann zu strömen. Jüngsten Schätzungen zufolge sind bisher rund 780 Millionen Liter Rohöl in den Golf von Mexiko geflossen.

Puh. Bei solchen Nachrichten am Frühstückstisch ist der Tag für Till fast schon gelaufen. Dazu noch ein Foto von Opfern und Angehörigen, und Till ist bereit, sich wieder erschöpft ins Bett zu legen. Wenigstens schmeckt der Kaffee. Die Welt da draußen ist frustrierend. Krieg, Umweltkatastrophen, Amokläufe, Sexualverbrechen. Passiert eigentlich nur Scheiße? Gleich muss Till zur Uni. Da werden seine Kommilitonen wieder wild diskutieren. Wie ihn das anödet. Als würde das was ändern.

Till weiß schon, dass er das nicht zu laut aussprechen darf: Aber Fakt ist, dass Till überhaupt keine Lust hat, sich mit den ständig neuen Weltuntergangsszenarien zu beschäftigen. Irgendwie fühlt er sich so abgestumpft. Wie soll er auch reagieren, wenn wochenlang von dieser Ölpest berichtet wird? Oder die Katastrophe bei der Loveparade! Wie zuwider es ihm war, wenn seine Freunde sich in Mitleid ergossen haben. Als wären die unmittelbar beteiligt gewesen. Dabei haben sie das Ganze bequem von der Couch aus im Fernsehen angeschaut. Eine Bekannte hat fast angefangen zu heulen. Also bitte!

Während er sich die Zähne putzt und sich dabei im Spiegel betrachtet, fragt sich Till, ob er ein bisschen zynisch ist. Oder mehr noch: ein gefühlloser Stumpf? Aber im Biedermeier haben sich die Leute auch nicht drum geschert, was vor der Haustür passiert. Keine verkehrte Einstellung, findet Till. Eigentlich will er einfach nur seine Ruhe. Und es ist ja auch nicht so, dass er nicht Anteil am Leben seiner Mitmenschen nimmt. Wie es seinen Freunden geht, interessiert Till natürlich schon. Wenn einer von seinen Kumpels Probleme hat, ist Till auch für ihn da.

Aber bitte keine stundenlangen Diskussionen über Ökostrom, Biofleisch, Fleischfresser. »Was? Du isst noch Geflügel?«, hat ihn neulich eine Bekannte entsetzt gefragt, als er in einer Kneipe Chicken Nuggets bestellt hatte. Fast wäre ihm die Lust dran vergangen. Erst als sie blöd geguckt hat, als er sich absichtlich gierig die Nuggets in den Mund stopfte, war seine Laune wieder gestiegen. Till weiß, dass er mit seiner Einstellung aneckt. Dass er unter seinen Freunden als Ignorant gilt. Aber muss er sich dafür denn schämen?

So entscheidet der Freundeskreis

JA-Sager

→

Lasse (25): Ignoranz packe ich gar nicht. Wenn ich teilweise mitbekomme, wie wenig Plan manche Menschen von dem haben, was so in der Welt passiert, kann ich nur den Kopf schütteln. Schön immer weiter in der eigenen Dekadenz baden, während andere dankbar sind, dass sie überhaupt noch leben. Da kommt es mir hoch.

Wolfi (30): Also, ich finde schon, dass jeder einen Blick auf das Weltgeschehen haben sollte. Das sensibilisiert ja auch für das eigene Leben, wenn ich höre, wie es anderen geht. Gerade so Kriegsgebiete erinnern mich immer total daran, wie gut ich es hier bei uns im Land habe.

NEIN-Sager

←

Meral (29): Ich kann das schon nachvollziehen, dass da mancher lieber den Kopf in den Sand steckt. Ist ja auch frustrierend, wenn du morgens zum Bäcker gehst und in der Zeitung am Tresen mit Mord und Totschlag konfrontiert wirst.

Das sagt der Philosoph

Wenn man möchte, kann man die Funktion der Nachrichtenbeiträge in Radio, Fernsehen und Internet mit Lebensmittelskandalen wie z. B. den Dioxineiern vergleichen: Irgendwo entstehen – mutwillig oder versehentlich – gewaltige Mengen lebensgefährlicher Gifte. Diese verdünnt man dann mit Tierfutter und gibt sie Schweinen, Hühnern oder Kühen zu fressen. Wenn das Gift schließlich über den Teller im Organismus der Menschen landet, ist die Dosis zumindest nicht mehr unmittelbar tödlich, und auch die Herkunft der Substanzen ist schwer zu ermitteln. Ähnlich verteilen Nachrichtensendungen die großen Weltkatastrophen auf viele menschliche Seelen, die dann zum Endlager für Katastrophenbilder werden. Viele Menschen verzichten deshalb ganz bewusst darauf, sich mit den neuesten Horrormeldungen zu beschäftigen, schon allein aus Rücksicht auf ihre psychische Gesundheit. Aber ist das moralisch gerechtfertigt?

Darf ich die Augen vor den Tagesschaubildern verschließen, nur um ein gesundes Leben zu führen, während in anderen Teilen der Welt Menschen leiden und sterben? Zunächst muss man entgegnen, dass der bloße Konsum der Schreckensnachrichten allein auch noch keinen moralischen Mehrwert hat. Im Gegenteil! Oft verschleiert die Empörung über Missstände, über die man sich angeblich informieren will, einen lustvollen Katastrophen-Voyeurismus: im warmen Sessel den ARD-Brennpunkt über die Opfer der Kältewelle in Osteuropa anschauen!

Aber woran liegt es eigentlich, dass es uns so schwerfällt, eine angemessene Einstellung zum Weltgeschehen zu entwickeln? Ein Grund könnte in der medialen Vermittlung dieser Ereignisse liegen: Die Kamera erweitert unser Blickfeld auf den ganzen Globus, und wir werden scheinbar zu Augenzeugen der Weltgeschichte. Doch in den meisten Fällen können wir in die gezeigte Situation direkt gar nicht eingreifen, außer vielleicht Geld auf eingeblendete Spendenkonten zu überweisen, ohne je zu erfahren, ob daraus irgendeine Verbesserung für die Opfer hervorgegangen ist. Das heißt: Auch wenn die Wahrnehmung global ist, bleibt doch unser Aktionsradius lokal begrenzt. Selbst wenn man also wollte und vielleicht sogar ein Superman-Trikot im Keller hätte, gäbe es keine Chance, alle Krisen der Welt zu lösen.

Was bleibt noch von unserer Verantwortung für die Welt, die schließlich auch moralisch gefordert ist, sei es aus dem Gebot der christlichen Nächstenliebe heraus oder aus der politischen Forderung nach Einhaltung der Menschenrechte? Tatsächlich dürfen die Überlegungen zu Überforderung und Katastrophen-Voyeurismus nicht dazu führen, dass wir uns generell für unzuständig erklären. Tragischerweise beziehen nämlich immer irgendwelche politischen und wirtschaftlichen Kräfte ihre Macht daraus, dass sich die Menschen überfordert und ohnmächtig fühlen. Diese Politiker oder Wirtschaftsbosse verfolgen dann ihre dunklen Machenschaften, ohne dass ihnen jemand auf die Finger schaut. Insofern sind wir nicht nur für das verantwortlich, was wir tun, sondern auch für das, was wir nicht verhindern.

Das Recht auf Selbstschutz vor dem medialen Katastrophentheater darf nur derjenige in Anspruch nehmen, der sensibel bleibt für die gesellschaftlichen Handlungsfelder, auf denen er etwas bewirken kann. Man muss nicht gleich mit der nächstbesten Hilfsorganisation nach Haiti reisen und sich kopfüber in die Beseitigung des Elends stürzen. Wer vor der eigenen Haustür anfängt, kann bereits Großes bewirken. Zum Beispiel, wenn er dem Nachbarn in Not hilft oder sich – in welcher Form auch immer – an überschaubaren Hilfsprojekten auf der anderen Seite des Globus beteiligt.

Darf ich einer McDonalds-Mitarbeiterin Verpackungsmüll vor die Füße schmeißen, weil sie dafür bezahlt wird, dass sie den wegmacht?

»Dein Wecker«, murmelt Emma schlaftrunken. Nichts passiert. Das Atmen neben ihr bleibt ruhig und gleichmäßig. Emma atmet entnervt aus, dreht sich mühsam um und gibt Lars einen sanften Tritt an die Wade. »Lars«, ihre Stimme klingt angestrengt, »dein Wecker. Du musst aufstehen!«

Ein müdes Grunzen signalisiert ihr, dass Lars sich bereit macht, von seinen Träumen abzulassen und in die bittere Realität zurückzukehren. Langsam tastet sich seine Hand über ihren Körper in Richtung Wecker. Emma atmet erleichtert aus, als das nervige Gebimmel endlich verstummt.

Sechs Uhr ist auch wirklich keine Zeit, zu der jemand aufstehen sollte. Schon gar nicht am Wochenende. Aber Dienst ist Dienst. Lars drückt Emma noch schnell einen Kuss auf die Wange, schlägt die Decke zur Seite und quält sich aus dem Bett. Der Blick aus dem Fenster trägt nur wenig dazu bei, den Tag mit Freuden zu begrüßen. Es ist immer noch stockfinster, und die Regentropfen formen das Licht der gelben Straßenlaternen zu kleinen Sternchen. Wahrscheinlich ist es auch noch saukalt. Nicht mal die Dusche kann die Nachtschwere vertreiben. Hilft nix. Rein in die Klamotten und ab ins Auto. Die alte Rostlaube hat auch schon bessere Zeiten gesehen. Ganze drei Mal lässt sie sich bitten, bevor der Motor heulend startet.

Jetzt erst mal einen Kaffee. Lars lenkt zielstrebig auf das

Fastfood-Restaurant seiner Wahl zu, parkt die kleine rote Klapperkiste direkt vor der Tür und stapft an die Theke: »Ein Latte macchiato extra, die große Version bitte.«

Ohne den Blick von der Kasse zu heben, trägt die Bedienung ihr Standardsprüchlein vor: »Hier trinken oder mitnehmen?«

Könnte sie sich wirklich langsam mal merken: »Mitnehmen, wie immer.« Das klang auch schon mal freundlicher.

Keine Minute später steht ein Pappbecher mit schaumiger Milch vor Lars, der Kaffeeduft kitzelt seine Nase, und die Gier nach Koffein hätte fast dazu geführt, dass er sich ordentlich den Mund an dem heißen Gebräu verbrennt. Vorsichtig platziert Lars den Plastikdeckel, zieht den Reißverschluss seiner Jacke unters Kinn und stapft zurück zum Auto.

Die haben aber auch 'nen echten Scheißjob, denkt er, als er die zierliche Frau mit den dunklen Haaren dabei beobachtet, wie sie mit einer kleinen Zange Müll vom Boden aufpickt. Er stellt den heißen Kaffeebecher zwischen seine Beine, steckt den Schlüssel ins Zündschloss und will grade den Motor starten, als ihn eine Bewegung, die er aus dem Augenwinkel wahrnimmt, innehalten lässt. »Diese Proleten«, hört er sich die Szene laut kommentieren. Die junge Frau hatte sich gerade einem Auto genähert, als die getönte Scheibe langsam herunterfährt und mehrere Burgerschachteln herausplumpsen, genau vor ihre Füße. Sie hält kurz inne und schaut verächtlich auf die Scheibe, die längst wieder hochgefahren ist.

»Denen werd ich's zeigen«, empört sich Lars und ist kurz davor, aus dem Auto zu springen, friert dann aber mit der Hand am Türöffner seinen Impuls ein. Na ja, irgendwie wird sie ja auch dafür bezahlt. Ist halt ihr Job, den Parkplatz sauber zu machen. Andererseits sind die Mülleimer keine zwei Meter entfernt. Selbst dieser fiese Nieselregen ist da keine gute Ausrede, den Müll einfach fallen zu lassen. Und ich sollte mal langsam aufhören, hier rumzutrödeln, denkt Lars und startet den Wagen.

Trotzdem lässt ihn die Situation nicht los. Vor lauter Grübeln verpasst er sogar fast die Auffahrt auf die Autobahn. Hätte er was sagen sollen? Und warum hat ihn das so aufgeregt, dass jemand seinen Müll einfach aus dem Auto geworfen hat? War schließlich nicht seine Sache …

So entscheidet der Freundeskreis

← NEIN-Sager

Tilmann (30): Absolutes No go. Bezahlung hin oder her. Das macht man einfach nicht.

Erin (24): Natürlich geht das nicht. Aber ich wär mir unsicher, ob ich da jemanden drauf ansprechen würde.

Chiara (25): Egal ob jemand dafür bezahlt wird oder nicht, jeder sollte sich selbst um seinen Müll kümmern.

↔ JEIN-Sager

Alina (22): Ich kann mich nicht davon freisprechen, schon mal Müll liegen gelassen zu haben. Aber vor die Füße schmeißen ist schon ziemlich kacke.

Florian (27): Sagen wir mal so: Augen auf bei der Berufswahl. Aber so 'ne Aktion würd ich trotzdem nicht reißen.

Das sagt der Philosoph

In den Zeiten der Jäger und Sammler war die Verteilung der Tätigkeiten übersichtlich organisiert. Wir leben heute in den Zeiten der Arbeitsteilung und der Arbeitslosigkeit, was dazu führt, dass sich das Spektrum der Tätigkeiten (Topmanagerin, Intimfriseur, Klofrau) und Beschäftigungsformen (Beamter, Angestellter, Selbstständiger, Prekarier, Praktikant, 1-Euro-Jobber) weit auffächert. Was in allen Zeiten gleich bleibt, ist die Doppelgesichtigkeit der Arbeit. Sie ist Last und Lust, Fluch und Segen. Jeder Mensch lebt von der Arbeit, selbst wenn er sie seinen Sklaven überlässt. Sie ist ein Zwang, der aus unserer leiblichen Existenz erwächst, sie kann aber auch ein Feld der Selbstverwirklichung sein, auf dem wir Erfüllung und Bestätigung finden.

Gesellschaften organisieren die Verteilung der Arbeit auf ganz unterschiedliche Art und Weise, was dazu führen kann, dass die genannten Aspekte ungerecht verteilt sind: In globaler Sicht überwiegen für viele Menschen der Zwang und die nackte Not. Sie sind bereit, jede noch so unwürdige Arbeit anzunehmen (Kinderarbeit, Prostitution), während andere das große Glück haben, in ihrem Beruf ihre Talente verwirklichen zu dürfen. (Wie ich zum Beispiel. Ich bin sehr dankbar dafür!) In vielen Fällen werden sich Lust und Last die Waage halten; auf dem Parkplatz einer Fastfood-Kette Müll einzusammeln, gehört dagegen eher zu den weniger attraktiven Tätigkeiten, was allerdings nicht bedeutet, dass die Person, die dieser Beschäftigung nachgeht, weniger Respekt verdient hätte, als ein Poptitan, ein Fußballkaiser oder eine Bundeskanzlerin.

Aber ist nicht doch etwas dran an der Argumentation, dass die Müllsammler im Grunde dankbar dafür sein müssen, dass nicht alle Menschen ihren Dreck in die Abfallbehälter werfen? Schließlich wäre die gute Frau aus der Geschichte arbeitslos, wenn wir alle perfekt dressierte Entsorger wären. Wie immer man sich zu dieser Argumentation stellen mag, bleibt es eine Geste der Respektlosigkeit, jemandem Müll vor die Füße zu werfen, damit er oder sie ihn wegräumt. Es erinnert an das Herrschaftsgebaren von Sklavenhaltern, Diktatoren oder Feudalherren, die sich anmaßen, ihre Mitmenschen wie Dreck zu behandeln. Der Einwand, dass im Unterschied zum Sklaven die Frau aus der Geschichte schließlich dafür bezahlt wird, Müll aufzusammeln, entschuldigt nicht den Angriff auf die Würde ihrer Person, sondern entwürdigt sie ein zweites Mal, weil man ihr nicht zubilligt, hinter ihrer Arbeitskleidung eine verletzliche Haut und eine empfindsame Seele zu haben, die nicht gegen Geld eingetauscht werden dürfen. Auch wenn wir es in vielen Situationen leicht vergessen, wenn wir Dienstleistungen in Anspruch nehmen: Der andere ist zuerst Mensch und dann erst jemand, der uns für Geld eine Leistung erbringt.

Darf ich Blut spenden gehen, nur um die 50 Euro zu kassieren?

»Tut mir leid, dass ich zu spät bin«, sagt Natalie entschuldigend. »War beim Blutspenden.«

»Ach, sieh an!« Johannes grinst selbstgefällig. »Hast dir ja doch mal zu Herzen genommen, was ich dir erzählt habe.«

»Bitte nicht wieder einen neuen Vortrag über Verantwortungsbewusstsein und Co. Ich war jetzt da! Ich habe Blut gelassen! Und damit habe ich meinen Soll für die Menschheit erst mal erfüllt«, kontert Natalie genervt.

Johannes verkneift sich weitere süffisante Kommentare, nimmt Natalie an der Hand und zieht sie Richtung Café: »Na komm, du Gutmensch. Lass uns endlich was trinken. Ich lade dich ein.«

»War gar nicht so schlimm, wie ich befürchtet habe«, erzählt Natalie, während die beiden auf ihre Getränke warten. »Ich dachte, mir wird da voll schwindelig. Aber war ja dann doch ganz harmlos. Ich denke, ich gehe da jetzt öfters hin.«

Johannes guckt sie etwas irritiert an: »Hast du jetzt Gefallen am Blutabzapfen gefunden? Oder war der medizinische Assistent so süß, der dir die Kanüle gesetzt hat?«

»So ein Quatsch! Aber der Gedanke, dass ich Gutes tue

und dabei auch noch Kohle bekomme, gefällt mir schon ganz gut.«

»Mhm« ist das Einzige, was Johannes in diesem Augenblick rausbringt.

Mit einem Knuff gegen den Arm wird er in die Realität zurückgeholt. »Was ist los? Schläfst du?«, fragt Natalie.

»Ich weiß auch nicht«, antwortet Johannes, noch immer in Gedanken. »Irgendwie finde ich es komisch, zur Blutspende zu gehen, um letztendlich die Kohle dafür einzustreichen. Ich kann gar nicht so konkret sagen, was mich daran stört. Aber irgendwie finde ich es ein bisschen schäbig.«

Das hat gesessen. Natalie ist sauer: »Was soll das heißen? Ich bin schäbig, oder wie? Schließlich bieten die die Aufwandsentschädigung ja an. Die Idee stammt ja nicht von mir. Und wo liegt der Unterschied, ob ich einmal hingehe – so wie heute – oder ob ich öfters Blut spende?«

»Unter einer Spende stelle ich mir was anderes vor«, antwortet Johannes. »Das machst du, weil du jemandem helfen möchtest. Das sollte eine selbstlose Sache sein. Und wenn du gezielt auf das Geld spekulierst, dann ist das ja wie ein Geschäft. Von wegen: biete 200 Milliliter Blut für 20 Euro. Das ist ja fast so, als ob du was von deinem Körper verkaufst. Eigentlich nicht nur fast … Du verkaufst was von deinem Körper.«

»Jetzt mach dich mal locker, Johannes. Du tust ja fast so, als würde ich mich prostituieren. Das finde ich schon ein bisschen drüber. Fakt ist doch: Ich gebe Blut, dass irgendwer verdammt dringend braucht. Mir macht es nichts aus, was abzugeben. Und für den Aufwand, den ich mit der Spende habe, bekomme ich 'ne Entschädigung. So sehe ich das!«

Johannes brütet wieder. Er versteht schon, was Natalie ihm klarmachen möchte. Aber obwohl alles ganz einleuchtend klingt, bleibt da doch ein gammliger Beigeschmack. Für ihn war das Geld beim Blutspenden immer absolut nebensächlich. Zugegebenermaßen hat er Natalie damit gelockt, dass sie bei einer Blutspende was für ihre gute Tat bekommt. Aber das sollte nur so ein bisschen Ansporn sein, dass sich Nat auch tatsächlich aufrafft. Andererseits: Wenn sie sich in Zukunft öfters durch das Geld angespornt fühlt, Blut zu spenden – ist es dann was anderes?

So entscheidet der Freundeskreis

JA-Sager

Kim (27): Wenn man halt die Möglichkeit hat, irgendwie an Geld zu kommen und dann auch noch was Gutes zu tun? Warum nicht. Das ist legitim, würde ich sagen.

Viktor (25): Oft wird das Blut ja auch selbst weiterverkauft. Deshalb finde ich es schon okay, wenn man auch was dafür bekommt.

Sascha (30): Eigentlich finde ich es gut. Ja! Da heiligt der Zweck die Mittel.

NEIN-Sager

Sebastian (33): Irgendwie fehlt mir da der Idealismus, wenn ich gezielt Geld für so was einsacke. Ich will doch eigentlich Gutes tun. Und dann dafür Geld nehmen? Finde ich komisch.

Cora (20): Ich gehe einmal im Jahr Blut spenden. Und das Geld, das ich dafür bekomme, spende ich dann immer einer Hilfsorganisation. Das ist mein Beitrag für die Gesellschaft. Deshalb finde ich es überhaupt nicht okay, wenn jemand Blutspenden wie so einen Nebenjob handhabt.

Annette (24): Die Frage ist: Was sind das für Verhältnisse, die einem nahelegen, dass man Teile seines Körpers verkaufen muss?

Das sagt der Philosoph

Es ist eine große Errungenschaft des deutschen Grundgesetzes, dass die Würde des Menschen als unantastbar geschützt ist. Gleichwohl finden natürlich überall und täglich Angriffe auf dieses kostbare Gut statt, und es ist eine humane Aufgabe, die hehren Worte alltäglich mit Leben zu füllen. Sicher sind wir alle fassungslos, wenn von fiesen Diktatoren am anderen Ende der Welt die Menschenrechte verletzt werden. Hier schlagen wir uns schnell auf die Seite des guten Gewissens und sondern folgenlose Empörungslaute ab. Doch der Schutz unserer Würde ist auch in kleinen Dingen sensibel wahrzunehmen, wie etwa bei einem unauffälligen Thema wie dem Blutspenden.

Nicht ohne Grund ist von einer »Spende« die Rede, und mit dem Geld, das man erhält, wird nicht etwa das Blut bezahlt, sondern der Aufwand, den wir mit der Spende auf uns nehmen: Wir müssen besondere Orte aufsuchen, die Prozedur ist unangenehm und dauert auch eine ganze Weile. Es ist also angemessen, dass wir dafür finanziell entschädigt werden. Zynisch wäre es, das Blut zu verkaufen, da wir uns dann selbst als Ware betrachten würden.

Das Transfusionsgesetz legt deshalb auch eindeutig fest, dass die Spende unentgeltlich erfolgen muss. Leider ist das Problem der Würde nicht schon damit erledigt, dass wir als Spender aus edlen Absichten heraus auf eine Vergütung verzichten. Denn ab dem Moment, wo wir das Blut abgegeben haben, wird es tatsächlich zur Ware, die im medizinischen Sektor gehandelt wird. Wesentlich dramatischer, aber im Prinzip ähnlich sieht die Sache im illegalen Organhandel aus. Da es weitaus mehr potenzielle Empfänger als Spender gibt, veräußern Menschen in armen Ländern z. B. eine Niere für etwa 1500 Euro, was für sie ein vergleichsweise hoher Betrag ist. Dennoch ist es nur ein Bruchteil dessen, was dann kriminelle Organisationen damit verdienen. Das Geschäft mit den Organen ist derart lukrativ, dass die Händler in einigen Ländern der Dritten Welt gar nicht mehr auf Spender warten, sondern Menschen entführen und gewaltsam ihrer Organe berauben.

Aufgrund dieses Missverhältnisses zwischen dem edlen Spender und den gierigen Profiteuren wird ernsthaft der Vorschlag einer Organ- und Blutbörse diskutiert, damit der Spender auf legalem Weg über einen Makler einen besseren Preis für sein Körpermaterial erzielen kann. Tendenzen in dieser Richtung zeichnen sich schon bei Samenbanken ab, wo man Premium-Sperma von Nobelpreisträgern gegen Höchstpreise erwerben kann. Doch auch, wenn man durch einen legalen Markt der Körperteile und -flüssigkeiten den Verkäufer des Humanmaterials besserstellen würde, trägt dieses Modell zu einer Radikalisierung des ethischen Problems bei.

Menschen dürfen niemals als Material betrachtet werden, weil sie keine Dinge sind, sondern Personen. Dieses Prinzip wird auch durch die vermeintlich freie Einwilligung des Verkäufers nicht außer Kraft gesetzt. Zum einen ist auch eine Selbstentwürdigung eine Entwürdigung und insofern eine Verletzung der ethischen Norm des Grundgesetzes, zum anderen ist die Frage zu stellen, wie freiwillig diese Einwilligung ist, wenn Menschen aus materieller Not zu diesem Mittel greifen. Bill Gates hat es jedenfalls nicht nötig, seine Niere aus finanziellen Gründen zu verkaufen. Es ist etwas gänzlich anderes, wenn dagegen der Politiker Frank-Walter Steinmeier seiner Frau eine Niere spendet. Hier handelt es sich um einen Akt der Liebe oder Fürsorge, der zwischen Personen vollzogen wurde.

Zurück zum Blutspenden: Die Abgabe des Blutes ist eine selbstlose Tat; eine Aufwandsentschädigung, eine Mahlzeit oder ein kleines Geschenk sind angemessen. Eine Deklaration des menschlichen Körpers als Ware widerspricht seiner Würde als Person und ist insofern grundsätzlich zurückzuweisen.

Muss ich Obdachlosen Geld geben?

Wenn die Sonne vom Himmel herunterstrahlt, ein laues Lüftchen weht und sich so langsam, aber sicher der Frühling ankündigt, ist Sina einfach nur glücklich. So wie die meisten Menschen, die das Grau in Grau des Winters nicht mehr ertragen können. An so einem Tag strahlt Sina jedem, dem sie begegnet, ins Gesicht. Lächeln ist schließlich das Einzige, was man ohne große Verluste in rauen Mengen verschenken kann. Heute Morgen ist Sina besonders gut aufgelegt, schließlich ist Sonntag, und Sonntag ist Brötchentag. Auf dem Weg zum Bäcker stellt sich Sina die üppige, zuckrige Auslage vor und überlegt, womit sie ihrer blendenden Laune entsprechend in den Tag starten kann. Sie will schließlich nicht den ganzen Laden aufhalten. Nicht mal die Schlange vor der Ladentür, die bestimmt zehn Meter auf die Straße reicht, kann ihr heute Morgen die Laune verderben. In der Sonne warten ist schließlich alles andere als lästig!

Sina stellt sich brav hinten an, sucht eine bequeme Position und schließt genießerisch die Augen. Der Wind ist angenehm kühl, die Sonne warm und in der Luft schwebt leichter Blütenduft. Obwohl … Sina schnuppert noch mal kurz. Von der Seite weht ihr ein unangenehmer Geruch in die Nase, der nicht mal von dem tollen Brötchenduft aus der Backstube übertüncht werden kann. Riecht irgendwie … sehr ungewaschen. Sina öffnet die Augen und blickt in das Gesicht einer Frau mittleren Alters. Sie trägt einen abgeranzten roten Hut, aus dem matte, fettige Haarsträhnen einer undefinierbaren

Haarfarbe müde herunterhängen. Dazu einen viel zu großen Filzmantel, von dem sich nicht sagen lässt, ob er schmutzig oder von Natur aus grau ist. Darunter, so zumindest sieht es aus, jede Menge andere Kleidungsstücke. Der rechte Fuß steckt in einer Art orthopädischem Stiefel, der auch schon bessere Zeiten gesehen hat. Ihr rechter Arm ist in eine Krücke gestützt, in der rechten Hand hält sie mit Daumen und Zeigefinger linkisch einen alten, knittrigen Kaffee-to-go-Pappbecher. Zwischen den braungelben Fingern ihrer linken Hand schmaucht der Stummel einer selbstgedrehten Zigarette vor sich hin. Die Schlange vor dem Bäcker drückt sich fast unmerklich ein bisschen näher an die Hauswand, um Abstand zu gewinnen.

»Haste mal'n Euro?«, knarzt es zwischen dunkel verfärbten Zähnen hervor.

Blöde Frage, klar hat Sina einen Euro. Sie will schließlich beim Bäcker was kaufen und nicht stehlen. Aber der Tag ist zu schön für patzige Antworten. Außerdem tut ihr die Gestalt leid. Was immer passiert, damit ein Mensch zu dem wird, was ihr grade leer und müde in die Augen starrt, es muss echt beschissen sein. Aber mit einem Euro wird sie dieses Elend keinen Deut besser machen. Auch nicht mit zwei. Selbst fünfzig oder hundert Euro würden rein gar nichts an der Situation der Frau ändern. Wahrscheinlich schleppt sie die Kohle in die nächste Kneipe und lässt sich mit Schnaps volllaufen. Das Pärchen, das gerade mit vollen Brötchentüten den Laden verlässt, scheint diese Gedanken nicht zu kennen. Zielstrebig gehen die beiden zum Auto, suchen ein paar Klimpermünzen zusammen und werfen sie mit einem Gutmenschenlächeln in den ollen Pappbecher. »Danke, schönen Sonntag noch!«, knarzt die Stimme monoton.

Sina gibt sich einen Ruck: »Ich kann dir von drinnen was mitbringen, wenn du magst. Möchtest du was?«

Mit einer müden Bewegung dreht sich der rot behütete Kopf, der eben noch dem Pärchen hinterhergestarrt hat, zu Sina um: »So'n Berliner.«

Sina lächelt: »Kein Problem, sollst du haben.«

Im Gesicht der Frau regt sich kein Muskel. Ihre Augen starren weiter ins Leere. Der Euro wäre ihr sicher lieber gewesen. Aber auch der würde wahrscheinlich nichts ändern, weder am Gesichtsausdruck noch an der Situation.

Noch drei Leute, dann ist Sina an der Reihe. Endlich war der Duft von ofenfrischen Brötchen stärker als der Ungeruch vor der Tür. Sina hält die Nase in die Backstube und atmet tief ein. Von hinten wärmt die Sonne angenehm ihren Nacken. Trotzdem hat sich in Sinas Stimmungshoch eine kleine Wolkenfront eingeschlichen. War das richtig, was sie hier machte? Hätte sie doch Geld geben sollen? Und was war mit all den anderen armen Teufeln, die in so einer Großstadt an jeder Ecke lungerten? Muss man sich einen Beutel mit Kleingeld umschnallen, sobald man das Haus verlässt, um es in Robin-Hood-Marnier unter den Armen und Elenden zu verteilen?

So entscheidet der Freundeskreis

JA-Sager

Nesrin (32): Also, wenn ich grad was in der Tasche hab, dann geb' ich eigentlich immer was.

Felix (27): Klar, ein paar Cent tun keinem weh. Und was die damit machen, geht mich nix an.

← NEIN-Sager
Henry (25): Die versaufen das eh nur, dafür ist mir mein Geld zu schade.
Sophie (21): Nein, muss man nicht. Man ist ja nicht verpflichtet, Menschen zu helfen, die man gar nicht kennt.

↔ JEIN-Sager
Anna-Lena (22): Mal so, mal so. Wenn ich gute Laune habe oder ein Punk einen lustigen Spruch draufhat, dann gebe ich auch mal Geld.
Pia (19): Also müssen tut man glaub ich nicht. Aber man sollte mal gut überlegen, wie es einem selber in so einer Situation gehen würde. Andererseits kann man mit 'nem Euro auch nicht die Welt retten.

Das sagt der Philosoph

Wer schon mal am Meer spazieren gegangen ist, dem wird die dunkle Linie aufgefallen sein, die auf dem höchsten Stand der Flut am Strand zurückgeblieben ist. Der sogenannte Spülsaum versammelt alles, was nicht mehr in der Lage war, im Meer mitzuschwimmen: Muschelschalen, Algen, Treibgut usf. Der Blick in belebte Fußgängerzonen bietet scheinbar ein ähnliches Bild: In der Mitte fließt der breite Strom der Eiligen, Zielgerichteten, die gekonnt das gesellschaftliche Spiel von Konsum und Produktion, Arbeit und Freizeit, Öffentlichkeit und Privatheit beherrschen. Am Rand aber lagern die Verlierer dieser Spiele, die Obdachlosen und Bettler, die immer noch da sind, wenn die Flut der Kauflustigen längst aus den Innenstädten wieder in ihre warmen Wohnungen und Häuser zurückgeschwappt ist.

Der Vergleich mit dem Spülsaum ist jedoch nicht unproblematisch, denn gesellschaftliche Phänomene wie Armut und Obdachlosigkeit sind nicht naturgegeben, sondern Folgen sozialer Realität. Dem Meer ist gleichgültig, was es am Strand zurücklässt, die Gesellschaft hat eine Verantwortung auch für die vermeintlich schwächsten Mitglieder. In der Mitte des Stromes ist man oft geneigt zu glauben, dass jeder seines Glückes Schmied sei: »Die Obdachlosen sind doch selbst schuld an ihrer Lage.« Dabei übersehen wir, wie viel unseres eigenen Glückes wir anderen Menschen oder günstigen Umständen verdanken. Die bittere Wahrheit jedoch ist, dass es im Prinzip auch mir jederzeit zustoßen kann, durch das soziale Netz zu fallen.

Hinter der ungepflegten, exzentrischen Erscheinung der Obdachlosen verbirgt sich eine tragische Geschichte: Ein erfolgreicher Arzt operiert die eigene Frau. Durch einen Kunstfehler kommt sie ums Leben. Eine junge Mutter versucht ihr schreiendes Kind während der Autofahrt zu beruhigen, ist einen Augenblick unaufmerksam und rast in einen entgegenkommenden Lkw. Das blinde Schicksal lässt sie überleben, mit der Last auf dem Gewissen, das eigene Kind getötet zu haben usf. Natürlich werden wir diese Geschichten nicht erfahren, weil wir aus Scham oder Abscheu diesen Menschen nicht zu nahe kommen wollen, zumal sie sich oft seltsam betragen. Vielleicht fürchten wir sogar insgeheim, dass Obdachlosigkeit ansteckend sein könnte, und gestehen damit indirekt ein, dass wir gar nicht so gesichert existieren, wie wir es gerne glauben würden.

Auch die Obdachlose hatte einmal die glatte Haut eines Neugeborenen und strahlende Augen voller Vorfreude auf die Welt. Wir wissen nicht, was zu den Spuren in ihrem gegerbten Gesicht geführt hat, aber was immer es war, sie hat das Recht, mit Respekt und Würde behandelt zu werden.

Der Philosoph Emmanuel Levinas (1906–1995) sieht schon

allein im notgezeichneten Antlitz des anderen eine unabweisbare Aufforderung, ihm zu helfen, einen stummen Appell, der unser Gewissen in die Pflicht nimmt. Wenn wir dem Blick des Schwachen begegnet sind, können wir uns allerlei Ausreden einfallen lassen, warum uns das alles nichts angeht, doch tief in uns wissen wir, dass wir uns nicht davonstehlen dürfen. Wenn wir uns daraufhin entschließen zu helfen, ist uns klar, dass wir die Gesamtsituation nicht lösen, sondern nur lindern können. Haben wir eine pädagogische Ader, kaufen wir vielleicht wie Sina einen Berliner, schon damit das Geld nicht für Alkohol oder andere Drogen verwendet wird. Dabei übersehen wir leicht, dass der Alkoholismus nur ein Symptom und nicht der Kern des Problems ist. Im Grunde kann man ja gut nachvollziehen, dass sich Menschen in ausweglosen Situationen betäuben. Man könnte auch honorieren, wenn die Obdachlosen den Dialog suchen und über ihre Situation durch ausgesprochen lesenswerte Zeitungen aufmerksam machen.

Als ich einem jungen Mann einmal eine solche Zeitung abgekauft habe, kam es zu einem sehr beklemmenden Erlebnis. Es stellte sich nämlich heraus, dass es sich bei dem Obdachlosen um einen ehemaligen Studenten von mir handelte, der ein exzellentes Examen gemacht hatte. Danach hatte ich ihn aus den Augen verloren und war erschüttert, ihn so vorzufinden. Seitdem habe ich immer einen Euro für Obdachlose in der Tasche, wenn ich in die Stadt gehe. Natürlich kann die kleine Gabe nur eine Geste sein und unser schlechtes Gewissen nicht zum Verstummen bringen. Doch auch wenn ich weiß, dass ich allein nicht alle Not aus der Welt verbannen kann, ist der eine Euro zumindest konkret eine kleine Hilfe und allemal besser, als wenn ich abstumpfe und gar nichts tue.

Ist es okay, in einem
Krisengebiet Urlaub zu machen?

Wenn Saschas Verbal-ICE erst mal Fahrt aufgenommen hat, dann gibt es kein Halten mehr. Ihre Wangen fangen an zu glühen, ihr Blick wird fiebrig, und ihre Arme wirbeln durch die Luft, als wolle Godzilla höchstpersönlich lästige Hubschrauber verscheuchen. Lars und Arne haben bereits schleichend den Rückzug angetreten, während Sophie versucht, flink wie ein Wiesel sämtliche Gläser und Flaschen aus Saschas unmittelbarer Umgebung zu entfernen. Es wäre nicht das erste Mal, dass Sascha es schafft, mit nur einer Geste den ganzen Tisch leer zu fegen. Dabei hatte Sophie Arne vorher ausdrücklich gewarnt, das Thema Urlaub anzuschneiden. Sie kennt Sascha seit dem Kindergarten und weiß ziemlich genau, was die eigentlich gutmütige Freundin auf die Palme bringt. Da gehört Urlaub zwar prinzipiell nicht dazu. In diesem speziellen Fall aber schon. Denn Sophie und Arne wollen nach Afrika, genauer gesagt nach Khartoum in den Sudan. Eines der Krisengebiete des schwarzen Kontinents.

Damals, im Dezember 2004, da haben Sascha und Sophie gerade zusammen Abi gemacht, gab es die erste wütende Moralpredigt von Sascha. Grund waren die Bilder von Urlaubern, die sich an den Stränden von Thailand seelenruhig auf ihren Strandliegen fläzten, während um sie herum die überlebenden Bewohner fleißig die Trümmer beseitigten, die der Tsunami hinterlassen hatte. Das Ausmaß der Katastrophe mit weit über 200 000 Todesopfern ließ sich zu diesem Zeitpunkt nur erahnen. Und trotzdem war Sascha angewidert von den Bildern. Wie kann man da jetzt einfach Urlaub machen? Wie kann man sich da entspannen? Überall kämpften die Menschen ums nackte Überleben, und ein paar fette, weiße, zumeist europäische Urlauber fläzten sich am Strand, um ihren »wohlverdienten« Jahresurlaub zu genießen. Sascha schleuderte damals jedem – egal, ob er es hören wollte oder nicht – ihre Meinung um die Ohren. Da dürfe man allerhöchstens hinfahren, um zu helfen. Aber Urlaub, das wäre ja wohl das Allerletzte. Vernünftige Argumente wie die Tatsache, dass gerade diese Regionen vom Tourismus lebten und das Geld dringend benötigten, ließ Sascha nicht gelten. Das helfe da gerade auch niemandem. Die Leute hätten ja wohl ganz andere Probleme. Und wer im Angesicht des Elends einen auf entspannt mache, der wäre ja wohl schlicht gefühlskalt und hätte nicht begriffen, was da passiert ist.

Warum dieses Thema ausgerechnet Sascha so dermaßen in Rage versetzt, ist ihren Freunden schleierhaft, schließlich ist sie nicht mal betroffen, damals so wenig wie heute. Aber Sascha ist nun mal Sascha, und so lassen sie es geduldig über sich ergehen. Allerdings flammt das Thema bei jeder neuen Katastrophe wieder auf. Und jedes Mal lässt sie ein Donnerwetter los, das sich gewaschen hat. Nicht, dass ihre Freunde keine Meinung dazu hätten. Im Gegenteil. Auch Sophie denkt oft darüber nach, ob es richtig ist, in Krisengebieten Urlaub zu machen. Es muss nicht immer eine Umweltkatastrophe sein. Aber viele Urlaubsziele haben auch ihre Schattenseiten. Gerade wenn man, wie Sophie und Arne es derzeit vorhaben, in afrikanische Länder fahren will. In vielen Teilen Afrikas herrscht Bürgerkrieg, ist Korruption an der Tagesordnung, und die Devisen, die man ins Land bringt, landen sowieso nur bei denen, die schon vorher genug Geld hatten.

Mit einem Urlaub kann man eben nicht die Welt retten. Will man ja auch gar nicht. Es geht doch einfach darum, ein anderes Land kennenzulernen, eine andere Kultur und andere Menschen.

»Das kannst du auch vor der eigenen Haustür«, blafft Sascha dann jedes Mal.

Wer klug ist, belässt es dabei und versucht, das Thema zu wechseln. Und genau das macht Sophie jetzt auch: »Du, Sascha, bevor du uns hier durch die Decke gehst, magst du noch was trinken?«

Sascha will gerade Luft holen und neu ansetzen, bricht aber dann ab und blickt Sophie leicht angesäuert an. Mist, durchschaut, denkt Sophie und zwinkert Sascha kurz beschwichtigend zu. Der Blick, den Sophie ihrem Arne zuwirft, ist weit weniger freundlich. Glücklicherweise springt Sascha trotzdem auf das Ablenkungsmanöver an. Eins hat sie jedenfalls erreicht: Zu Hause wird Sophie noch mal mit Arne sprechen und überlegen, ob es wirklich so eine gute Idee ist, da Urlaub zu machen, wo andere Menschen in Not und Elend leben.

So entscheidet der Freundeskreis

JA-Sager

→

Salim (22): Ja, weil ich finde, das bringt den Leuten auch nichts, wenn man da nicht mehr hinfährt.

Jessi (19): Doch, ich denke schon, dass das in Ordnung ist. Viele von diesen Gebieten, auch als der Tsunami damals war, Thailand, die Ecke, sind halt sehr stark auf die Tourismusindustrie fixiert.

Micha (25): Wenn grade was passiert, wenn man da ist, muss man halt das Beste draus machen.

← **NEIN-Sager**
Tini (23): Also, ich könnte da keinen Urlaub machen.
Jochen (30): Das ist unverantwortlich, auch wegen der eigenen Sicherheit. Krisen sind schließlich kein Abenteuer.

↔ **JEIN-Sager**
Urs (23): Wenn ich in ein Krisengebiet fahre, weil mich das interessiert, weil ich da involviert bin, dann finde ich das okay, weil man da vielleicht helfen möchte. Aber Urlaub machen, sich da in die Sonne legen, während nebenan Leute sterben, finde ich nicht okay.

Das sagt der Philosoph

Tourismus ist ein Phänomen der späten Moderne. Zu allen Zeiten zogen Menschen um die Welt, schon die Bronzezeit kannte beinah globalen Warenverkehr, und nicht zuletzt Goethe ist es zu verdanken, dass pensionierte Gymnasiallehrer mit ihrer Gattin anspruchsvolle Bildungsreisen nach Italien machen, von denen sie dann nachher ihren Freunden erzählen können. Was jedoch die Widerfahrnisse wirklichen Reisens ausmachen kann, will heute kaum noch jemand erleben. Auch das Abenteuer muss gut organisiert sein: Impfungen, Pässe, günstige Flugtickets, und dann über die Coca-Cola-Route rauf auf den Kilimandscharo, natürlich in Begleitung von Trägern und einem Koch. In den Zeiten des Urlaubs im globalen Maßstab erheben wir den Anspruch, uns im Supermarkt der Fernziele bedienen zu dürfen – inklusive der Einheimischen, die in all ihrer Armut so malerisch in die Landschaft gestreut wurden, dass es großartige Fotos geben wird.

Es ist eine bedenkliche Tendenz, wenn Reisen als Konsum

verstanden wird, denn Urlaubsgegenden sind mehr als bloße Kulissen meiner touristischen Erlebnislust, und die Menschen vor Ort sind keine Komparsen. Bedenklich schon deshalb, weil ich mich selbst um das eigentliche Reiseerlebnis betrüge: die Begegnung mit etwas Fremdem, durch die ich mich selbst neu erfahre. Das ist kein genereller Einwand gegen Touren, die nur dazu dienen, Spaß oder seine Ruhe zu haben. Die Unterscheidung von Ort und Kulisse, Mensch und Komparse wird aber dann bedeutsam, wenn meine Urlaubssonnenbrille mich blind macht für ethische Probleme. Auch wenn ich in meiner All-inclusive-Blase sitze, befindet sich jenseits des Areals eine politische und soziale Wirklichkeit, in der Menschen Opfer von Naturkatastrophen, politischer Willkür oder ökonomischer Ausbeutung werden. Natürlich kann man sich auf den Standpunkt stellen, dass die Verantwortung für das Unrecht nicht beim Touristen liege, im Gegenteil trage er durch seine Reise zu Arbeit und Wohlstand in dem Land bei. Wenn er aus Rücksicht auf sein Gewissen fernbliebe, wäre die Krise schließlich auch nicht gelöst.

Tatsächlich ist in dieser Frage eine schnelle Antwort nicht zu finden. Sicher gibt es Fälle, in denen der Tourismus einer Gegend gut tut und sogar dazu beitragen kann, eine Krise besser zu bewältigen – etwa nach Naturkatastrophen oder politischen Demokratisierungsprozessen. Anders sieht es aus, wenn der Tourismus von der Krise profitiert – Sextourismus und billige Reisen in arme Länder – und damit zum Teil der Krise wird.

Doch wie soll man jetzt entscheiden? Vielleicht hilft es, wenn man den Touristen nicht in erster Linie als Wirtschaftsfaktor betrachtet, sondern auch als einen Gast im fremden Land. Dann müssen wir uns fragen: Sind wir willkommen? Welchen Respekt schulden wir den Gastgebern? In welcher Form gestalten wir unseren Aufenthalt, damit wir unseren

Erholungsbedürfnissen und den Bedürfnissen der Gastgeber gleichermaßen gerecht werden?

Wer sich diesen Fragen aussetzt, wird sich den ethischen Herausforderungen, die mit dem Tourismus generell verbunden sind, besser stellen können. Auch eine Reise in ein Krisengebiet ist nicht generell abzulehnen, wenn die Rolle des respektvollen Gastes angenommen wird. Das kann bedeuten, dass ich meinem Gastgeber signalisiere, dass ich mich wohlfühle, indem ich den Urlaub genieße. Sobald aber z. B. eine akute Naturkatastrophe stattfindet, muss ich prüfen, ob ich nicht zu einer zusätzlichen Last werde. Ist das der Fall, kann ich entweder meine Hilfe anbieten oder muss schlicht abreisen.